Stell dich nicht so an,
du schaffst das!

Christa Siegling

Autorin: Christa Siegling
Verlag: BoD · Books on Demand GmbH, In de Tarpen 42,
22848 Norderstedt
Druck: Libri Plureos GmbH, Friedensallee 273,
22763 Hamburg
ISBN: 978-3-7693-2347-4
E-Book Nr. 9783769384536

Vorwort

Bitte lesen, auch wenn es – gegen meinen Willen – so lang geworden ist! Es ist wichtig!

„Stell' dich nicht so an, du schaffst das!" – Nachdem ich dies in meinen jungen Jahren, als Krieg herrschte, ab und zu von meinem mich liebenden Vater gehört hatte – der meine Kapazitäten kannte – wurde es in Jahrzehnten meines späteren Alleinleben-Müssens zu meinem Lebensmotto.
Schade, denn ich besaß eigentlich alle Eigenschaften, um eine gute Ehefrau und Mutter zu werden.

Ich hatte von Eltern und Schule her Bildung und Bildungsdrang in mich aufgenommen, später durch den Druck ungewohnter Pflichten in Arbeits- und Militärdienst gelernt, mich anzupassen und unterzuordnen, war durch schwere menschliche Verluste – Vater, Bruder, Freund – zu einem zwar immer noch offenen, aber im Grunde sehr ernsthaften Menschen herangewachsen.
Ein normales Familienleben blieb mir leider versagt, da ich 1950 den falschen Partner geheiratet hatte, von dem ich mich alsbald kinderlos trennte (1955).
Damit begann meine „große Freiheit", aber auch ein sehr harter Kampf ums Dasein; denn 1954 war meine Mutter gestorben und ich hatte keinerlei Berufsausbildung.
So blieb mir (während die Scheidung lief) nichts anderes übrig, als als Dienstmädchen, feiner „au pair", nach England zu gehen.

Später öffneten mir meine Sprachkenntnisse Englisch und Französisch insgesamt sieben Jahre lang – mit Unterbrechungen – die weite Welt – und dadurch ganz gewiss auch meinen eigenen Horizont.

Wie oft stand ich vor völlig neuen Situationen in so unterschiedlichen Ländern wie – nacheinander – England, Frankreich, USA, Libyen und Singapur. Aber mein Lebensmotiv, meine Courage und meine Gesundheit halfen mir stets weiter; ich freute mich auf Veränderungen, die sich auch immer ergaben.

Allerdings frage ich mich heute, wie ich das allein logistisch alles geschafft habe, immer mit dem kleinen Haus in Godesberg am Bändel.

So konnte ich mich nach fast 40 Jahren intensiver Berufstätigkeit und des Geldverdienenmüssens mit gutem Grund vorzeitig (1987) in den Ruhestand begeben, klugerweise nicht in exotischen Gefilden, die ich genug kennengelernt hatte, sondern im sozial gefestigten, „sauberen" Deutschland, aber am Rande der Welt, im schönen Oberfranken. (Obgleich das zunächst auch wieder „Ausland" war, mit gewissen Sprachschwierigkeiten!)

Aber dort kam ich für nahezu 20 Jahre zur Ruhe, stark gefestigt durch ein Traum-Zuhause, mit großem Garten, Blumen, Tieren (endlich ein Hund!) und mit vielen fröhlichen Nachbarskindern. Ich war eingebunden in Natur und beschäftigte mich nur noch mit Lebendigem, statt vorher mit Papier! Diesen Jahren verdanke ich meinen seelischen Ausgleich.

Da ich mit 80 Jahren den Besitz nicht mehr halten konnte – und wollte - verkaufte ich ihn, um wieder im Rheinland Fuß zu fassen. Der liebe Hund war 2002 gestorben.

Es ergab sich, dass ich 2006 in Düren, ab 2008 in Merzenich landete, ohne auch dort einen Menschen zu kennen... Aber ich lebte mich schnell ein, zusammen mit meinem oberfränkischen blinden Kater „Filou". Der ist inzwischen gestorben und hat „Rudi" Platz gemacht. Beide genossen die schöne Wohnung und das dazu-gehörige riesige freie Gelände, in dem sie sorglos umherstreifen konnten (denn auch Rudi hat mich inzwischen verlassen...).

Da ich mit allen äußeren Gegebenheiten hier in Merzenich, Nr. 7, Burgstraße 12a, zufrieden, sogar glücklich bin, hatte und habe ich Zeit, über mein langes, unruhiges aber interessantes Leben nachzudenken. Mein gutes Erinnerungsvermögen und die vorhandenen vielen Unterlagen über alle Stationen der Vergangenheit bewogen mich endlich – da ich auch sehr gerne schreibe – ein Buch daraus zu machen, und zwar als „leichte Lektüre", zur Entspannung, für Jedermann etwas, **chronologisch locker geordnet**, Abbild eines bewusst und mit offenen Augen gelebten **einfachen Lebens.**

Ich bin keine „Studierte", habe auch keinerlei digitale Hilfen wie Smartphone, Wikipedia, Google usw. – die ich seinerzeit nicht an mich herangelassen habe (immer in der Annahme, dass ich nicht mehr lange zu leben hätte), zu meinem Nachteil? Ja und Nein, denn das

Wesentliche, das Menschsein, Empathie und Freude an kleinsten Dingen, ist mir geblieben.

Dadurch schreibe ich frei über Banales, Normales, Komisches und Tiefgründiges (Trauriges), alles, was die verschiedenen Schichten meines Gefühls angerührt hat.

Aber dies ist kein chronologischer Lebensroman!

Der kurze Überblick über mein Leben hier im Vorwort sowie die Abschnitte „Christa Hesse", „Familie" und „Krieg" geben weiteren Aufschluss über meine äußeren Lebensumstände.

Danach sind Erlebnisse, Beobachtungen und Gedankengänge nach Themen zusammengefasst; was sich während der langen Zeit des Sammelns von „Stoff" so ergeben hat.

Kritiker mögen sich an diesem „Sammelsurium" stoßen, andere werden kurze jedoch stets mit mir zusammenhängende Schilderungen begrüßen.

Vor allem ist mir wichtig, als Zeitzeugin vernommen und gelesen zu werden, wonach ich leider persönlich nie gefragt wurde! Und etwas von „früher" herüberzubringen in die heutige „coole" digitale Welt...

Auch von meiner Familie, den Eltern, Großeltern, der Großtante Ida und dem berühmten Urgroßvater Ur, der so viel Besonderes und Gutes für uns Nachkommende bedeutet, muss ich erzählen, damit es nicht in Vergessenheit gerät.

Sodann kann man etwas lesen über die Höhepunkte meiner Auslandserfahrungen zu einer Zeit vor 50 Jahren (!) sowie über meinen Drang, schriftlich zu meckern, wenn ich mich ungerecht behandelt oder betrogen fühlte. Schreiben hat mich stets erleichtert!

Zusätzlich habe ich hier und da fremde Weisheiten zwischen meine Zeilen gestreut, die nachdenkenswert sind.
Das Manuskript nun endlich druckfertig erreicht zu haben, war allein mit jahrelanger fremder Hilfe möglich, da ich ja nur handschriftlich liefern konnte... Näheres hierzu im Nachwort.

Ich schließe mit den Worten:

„Wer schreibt, der bleibt" und: „Glückauf mein Buch!"

Christa Siegling

* Ich „gendere" bewusst nicht. Mit „Leser" umarme ich vor allem meine „Leserinnen", ist es doch wohl ein Frauen-Buch!

Zeitliche Übersicht

1926 - 1936 Kindheit: a) verschiedene Orte

b) Bad Godesberg,
Annettenstraße 11

1939 - 1945 Teenager

Krieg - Soldatentod von Vater, Bruder,
Freund

1946 - 1949 Zurechtfinden im Frieden

Gearbeitet für Besatzung: Engländer und
Belgier

1950 Heirat mit Dr. med. Rüdiger Siegling

1954 Trennung

Dienstmädchen in England

1954 - 1955 Tod der Mutter (Dezember 1954)

Scheidung

1956 - 1986 Berufstätigkeit: in Bonn

im Ausland: England,
Frankreich, USA, Libyen,
Singapur

1987 - 2006 Vorgezogene Rentnerin mit 60 in Oberfranken (Rugendorf)

2006 „Verschlagen" nach Düren

2008 – heute Glückliches letztes Stadium in Merzenich

Inhalt

Seite

Vorwort

Christa Hesse,
ab 1950: Siegling

Horoskopisches Vorwort eines „Christa"-Kalenders 2020
(Geschenk von Nicole)

Christa

Ursprung: griechisch/lateinisch
Bedeutung: Anhängerin Christi

Du bist mutig, hilfsbereit und großzügig.
Mit deiner liebenswerten Art
erfreust du deine Umgebung.
Dank deiner vielen Talente
Kannst du Erfolg und Lebensgenuss
mühelos verbinden.

Christa, du bist etwas ganz Besonderes!

Ich wünschte, meine Hausärztin sähe das auch so!

13

Notizen meiner Mutter Elsie

Sie machte vom ersten Tag (23.12.1926 bis zum 06.10.1931) Notizen über meine Entwicklung, die ich z. T. festhalten möchte, da sie für mein weiteres Leben interessant wurden.

„Sie kam pünktlich zu Weihnachten, so dass wir ihr mit Recht den lange gewählten Namen „Christa" geben konnten. Schon 1/2 Stunde nach ihrer Geburt lag sie mit ihrer Mutter nahe am Weihnachtsbaum (in Berlin in der Charité), wo eine Weihnachtsfeier abgehalten wurde. Ihr starkes Schreien wurde erst unterbrochen, als der Doktor sie an den Christbaum hielt, an dem die Lichter brannten. Danach schrie sie weiter bis 4.00 Uhr... Es soll gute Lungen geben, und da sie acht Pfund wog, war weiter nichts zu befürchten.

Am 20.01.2027 brach zum ersten Mal die Sonne durch, sie lächelte, und zur allgemeinen Freude nahm dieses Lächeln stets zu.

Am 22.02.1927 wiegt sie 10,5 Pfund.

Ab 10.03.1927 gibt es Brei und Obst (Apfelsaft), Bananen, Apfelmus zu weiterhin Muttermilch. Sie lacht viel und ist überhaupt sehr liebenswürdig.

14.03.1927 Vatis Geburtstag mit Kleidchen und Blumenkränzchen.

Sehr interessant waren die Wirkungen meines Gesangs auf Klein-Christa. Ich summte leise vor mich hin, da zieht sie ein Schüppchen und heult los wie ein kleiner Hund! Nicht gerade schmeichelhaft für mich!

Am 18.05.1927 endlich getauft.

Im Juli 1927 (15 Pfund) zum Gut von v. Kroghs nach Groß-Weden (bei Lübeck). Allgemeiner Liebling, da immer vergnügt, frisch, gesund und zufrieden. Auch mustergültig auf Reisen.

Im Herbst 1927 das erste Zähnchen! Ende 1927: Sie ist sehr freundlich, aber bei starken Geräuschen – Trompete, Rufen – schreckhaft bis zum Weinen. *(Ich bin bis heute schreckhaft geblieben).*

Weihnachten 1927 Halsentzündung. *(Ein späteres Leiden von mir, das erst mit der Entfernung der Mandeln 1938 aufhörte.)*

Sie kriegt immer noch weder Fleisch noch Ei, aber viel Gemüse und Obst.

Ab 08.04.1928 läuft sie alleine, wenig später, mit 15 Monaten war Christa zu meinem großen Stolz stubenrein! Sie wiegt jetzt 26 Pfund. Sie spricht sehr viel. Sie bedankt sich für alles Geschenkte und schenkt auch gerne selbst. Tut man ihr nicht ihren Willen, sagt sie „Pfui".

Ab 05.08.1928 wieder auf Gut Groß-Weden. Sie hat Freude an allen Tieren. Wenn der Bub (Bruder 6 Jahre älter), an dem sie hängt, weint, weint sie auch, sie ist sehr mitfühlend!

Gestern hat sie sich ein großes Loch in die Stirn geschlagen, das sehr blutete.

(Elsie hat diese schlimme Verwundung immer bagatellisiert. Denn die Wahrheit ist, dass sie das Kind auf dem Arm hatte und es fallen ließ, weil es zappelte (?), so dass es mit dem Kopf auf den schweren eisernen Heizkörper aufschlug ...

Klein-Christa hat das alles brav und tapfer überstanden, aber aus der Wunde an der Stirn entstand

15

eine(hässliche) Narbe, die Christa fast ihr Leben lang tragen musste).

Am 20.08.1928 schreibt Elsie „ein kleines Pflaster hat sie noch, aber Gottlob heilt die Stelle schön!
Klein-Christa trug stolz ihren Verband und sagte ab und zu „weh weh Köppche".

1930 zieht die Familie nach Forsbach bei Köln, in ländlicher Gegend, für alle eine Bereicherung.
Am 06.10.1931 – Christa ist nun fünf Jahre alt und ein gesundes, aufgewecktes, fröhliches Kind – hören die Aufzeichnungen von Elsie Hesse, geb. Diederichs, in ihrer schönen, gleichmäßigen Handschrift, auf.

Das entzückende geerbte Puppenhaus

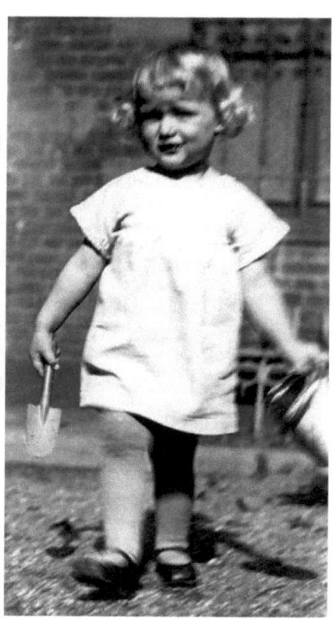

16

… eine fast vergessene Geschichte aus Klein-Christas Kindertagen

Sie war kaum vier Jahre alt, wohnte mit ihren Eltern und dem Bruder in einem hübschen Dorf (Forsbach) nicht weit von Köln. Sie war zu einem aufgeweckten, gesunden Landkind herangewachsen, schon damals groß für ihr Alter.

Beim Besuch des Augenarzt-Großvaters in Bonn stellte die Haushälterin Luise stolz das „nette Kind" zwei befreundeten älteren Damen vor, die oben im Haus wohnten.

Eine von ihnen fragte: „Du hast dich wohl so groß geschlafen?" Klein-Christa leuchtete das nicht ein. Sie platzte mit der verblüffenden Antwort heraus: „Enä, jefresse!"

Die drei Damen waren einen Augenblick verblüfft, dann brachen sie in fröhliches Gelächter aus – dies spielte sich ja im Kölschen Raum ab – und bis heute lacht man **hier** darüber.

Christa (9 Jahre)

Damals (1935) – siehe Fotos! wohnten wir in Hameln, Auf den Gänsefüßen 19.

Der Großvater aus Bonn kam zu Besuch und schenkte mir 50 Pfennige „für die gerade stattfindende Kirmes".

Ich, glücklich, zog alleine los und landete vor dem „Riesenrad", damals viel kleiner als die heutigen Konstruktionen.

Dennoch: für die 50 Pfennige blieb Christa sitzen, bis der Betreiber sie nach drei „Sonderfahrten" (eine Fahrt kostete damals 5 Pfennig!) herausholte.

Sie hatte sich 13-mal genüsslich herumschaukeln lassen – Kinderglück!
Spaß am Fliegen? Väterliches Erbe? Vielleicht …

Städtische Oberschule für Mädchen
Bad Godesberg

Schuljahr 19 _37_/_38_   2. _Jahresdrittel_ 19 _37_

Zeugnis

für _Christa Helfer_ , Schülerin der Klasse _V_

                                     1.   2.

I. Allgemeine Beurteilung des körperlichen, charakterlichen und geistigen Strebens und Gesamterfolges:

1. _Christa ist ausgezeichnet und strebsam._
2. _Sehr erfreulich._

II. Leistungen: (1. sehr gut, 2. gut, 3. genügend, 4. nicht genügend)

Religion:	_gut_	Zeichen- und Kunstunterricht:	_gut_
Deutsch:	_gut_	Nadelarbeit:	_gut_
Englisch:		Musiklehre (Singen):	_gut_
Französisch:	_gut_	Leibesübungen:	_genügend_
Latein:			
Geschichte:	_sehr gut_	Handschrift:	_gut_
Erdkunde:	_gut_	Arbeitsgemeinschaften usw.:	
Mathematik (Rechnen):	_gut_		
Biologie:	_gut_		
Physik:			
Chemie:			

III. Schulbesuch: Versäumnis: _—_ Stunden; Verspätung: _—_ mal.

IV. Bemerkungen:

Bad Godesberg, den _22. September_ 193_7_ = _10 Jahre_

Dr. Grashoff   _Maria Lingner_
Direktor   Klassenleiter

Kenntnis genommen: (Unterschrift des Vaters oder seines Stellvertreters)

W. Helfer

Verlagsanstalt Ferdinand Langewiesche, Wuppertal-Elberfeld Verband 117

Schöne Erinnerungen an meine Kindheit im eigenen Haus (ab 1936) und die „*Stufen*"* danach (ab 1987)

Sesshaftigkeit in Bad Godesberg und spätere Trennung.

Wir – meine Eltern, die kleine Schwester und ich, der Bruder lebte in der NAPOLA in Plön, genossen das kleine Haus in der Annettenstraße von Anfang an sehr. Der Vater ließ sofort eine Garage anbauen, sodann einen Holzbalkon zum ersten Stock vom Garten aus, er ließ Zentralheizung (Koks) legen und überall Rollläden anbringen. Im Garten wurde ein kleines 3 x 3 m Planschbecken angelegt und ein Reck errichtet, an dem man auch eine Schaukel befestigen konnte. Es gab bereits üppige Obstbäume sowie zwei Weinstöcke - dunkelblau und grün -, die an der südseitigen Hausfassade emporwuchsen. Auch Obststräucher erfreuten uns, dadurch reiche Ernten Jahr für Jahr an Trauben, Sauerkirschen, Pfirsichen, Birnen und Boskop-Äpfeln. Die Sonnenseite des Gartens ließ alles prächtig gedeihen.

Wir waren eine ganz offene Familie, und täglich erfreuten sich bei uns viele nette, brave Kinder der Straße, wo wir Radfahren, aber auch im Hüppekästchen herumhüpfen und später Rollschuhlaufen konnten. Es gab damals nur unser Auto auf der Straße!

*siehe S. 353

Nicht zu vergessen ist die „Ballprobe", wofür die Garagentüre ideal geeignet war. Man musste mit Kopf, Armen und Knien den Ball nach vereinbarten Regeln und in bestimmter Reihenfolge gegen die Tür stoßen. Am Reck lernte ich unter Vaters Aufsicht fast alle gängigen „Wellen". Auch Seilchenspringen, einzeln oder zu mehreren (langes Seil von zwei Kindern bewegt) hatten wir im Programm.

All dies hielt uns in Bewegung, gesund und körperlich fit (das Wort existierte damals in Deutschland noch nicht).

Unsere Mutter war stets bereit, auch meinen ungelegenen Geburtstag am 23.12. mit eingeladenen Kindern und Freunden zu feiern. Sie verstand es, uns zu Spaß und Ehrgeiz durch verschiedene geistige Wettspiele zu animieren. Die Stimmung stieg durch kleine Erfrischungen und unser Singen, wobei sie mit ihrer Laute oder am Klavier den richtigen Schwung gab.

Da meine Mutter hoch musikalisch war, nahm sie mich schon in frühem Alter mit in Konzerte, die es in der Godesberger Redoute auf hohem Niveau gab. Zu meinem großen Vorteil hat sie mir ihre Freude an der Musik vererbt, woraus ich bis heute Gemütskraft und echte Glücksgefühle beziehe.

Den Krieg über (1940 – 1945) hatten wir einen Kellerraum „wohnlich" hergerichtet, um ihn bei Sirengeheul aufzusuchen. „Bad Godesberg" war zum

Glück kein vorrangiges Ziel für die zunehmend stärker werdenden alliierten Bombergeschwader. Dennoch hat eine Luftmine ganz in unserer Nähe tödliche Verluste verursacht, und es war beklemmend, wenn man tagsüber am Himmel große Bomberverbände südwärts fliegen sah und sich fragte, wo sie ihre Last abwerfen würden …

Mit 13 Jahren war ich verantwortlich für die „Verdunkelung", d. h. das Abdichten aller Fenster und Türen, so dass abends und nachts kein Lichtstrahl nach außen dringen konnte (um dem Feind den Weg zu weisen …).

Ein deutsches Mädel
Christa Hesse (10 Jahre)

Ich vergesse nie die einzige Ohrfeige meines Vaters, die ich dafür erhielt, dass ich ein Fenster zu verdunkeln vergessen hatte!

Viele Menschen in Deutschland haben zu schweren Menschenverlusten auch noch ihr Zuhause verloren; uns, meiner Mutter, der kleinen Schwester und mir, ist zumindest das Haus geblieben, was lebenswichtig und durch Aufnahme von „Obdachlosen" Zusammenhalt und Sinn fürs Weiterleben bedeutete.
Ich trennte mich 1947 von der Annettenstraße, begann in Bonn meine Berufstätigkeit bei den Besatzungsmächten (Englisch/Französisch), heiratete 1950 und kehrte erst 1954 durch den Tod der Mutter und die laufende Scheidung nach Bad Godesberg zurück.

Meine Schwester ging noch zur Schule, nach deren Abschluss hatte sie in Paris eine Stelle als Au-pair-Mädchen angenommen, lernte ihren Mann kennen und heiratete 1962 nach Frankreich.

Danach trafen wir in gutem Einvernehmen unsere Entscheidung, dass ich das Haus behalten und sie auszahlen würde, da sie kein Interesse an dessen Besitz hätte. Dies geschah so.

Ich wurde 1955 (schuld- und kinderlos) geschieden und begann meine „Laufbahn" als fremdsprachliche Hilfskraft beim Bundesministerium der Verteidigung in Bonn als bitterarme, aber zuversichtliche Hausbesitzerin. Mit unendlichen Krediten – und Vermieten! – ließ ich das baulich stabile Haus (aus 1929) renovieren und lebte letztendlich mit Unterbrechungen, 1965 USA, 1966-68 Libyen und 1974-77 Singapur, dort zufrieden und glücklich bis 1986.

Mein vorgezogener Ruhestand (mit 60!) brachte mir die Erkenntnis, dass für mich ein Leben in der Natur – mit Tieren und endlich einem Hund! – wichtiger wäre als das altbekannte Dasein in der Diplomatenstadt Bad Godesberg mit den vielen Beamten, wo ich als Geschiedene nicht viel zu erwarten hätte!

So verschlug es mich 1987 durch eine Werbeanzeige in der Zeitung „zur Probe" nach Oberfranken, wo ich bis 2006 in einem Traum-Zuhause und direkter Nähe zu einer unberührten Natur sehr glücklich gelebt habe.

Natürlich musste ich dafür die Annettenstraße Nr. 11 verkaufen!

Das alles ging nicht reibungslos vonstatten, aber ich spürte, dass mir die Trennung guttat und ich als „Landfrau" in dieser neuen, doch sehr kulturgeprägten Gegend meine innere Ruhe finden würde, wofür ich zwanzig Jahre Zeit hatte.

Dann allerdings wollte ich dort nicht sterben, sondern das Rheinland rief mich zurück. Der schöne Besitz in Rugendorf verlangte auch zu viel Kraft von mir, um in Ordnung gehalten zu werden. So bewog mich mein Verstand, ihn zu verkaufen. Mit 80 Jahren verließ ich ihn Anfang 2006 im kleinen Auto mit viel Gepäck und dem blinden Kater Filou und erreichte nach Aufenthalten in Bad Godesberg und Heimbach/Eifel die Kleinstadt Düren, wo ich für zwei Jahre eine schöne betreute Wohnung bezog und das „gemäßigte" Stadtleben dort sehr genoss.

2008 nach zweiter Hüftoperation, diesmal rechts, Umzug mit kleinem Auto und Kater Filou nach Merzenich in die Burgstraße 12a, Nr. 7 Erdgeschoss. Ganz im Grünen gelegen, und in völliger Stille: Wieder ein Labsal für die Seele, bis heute.

Inzwischen, nach Filous Tod, nahm ich 2016 Kater Rudi aus dem Tierheim bei mir auf, der noch sechs sehr schöne Jahre als Freigänger bei mir verlebte.

Am 28.07.2022 war der Zeitpunkt gekommen, ihn schmerzlos „hinaufzuschicken" – wo ich ihn hoffentlich mit all' meinen geliebten Tieren bald / demnächst? wiedersehen werde ...

Wassersportverein Bad Godesberg (1942-44)

1942-44 Bad Godesberg-Mehlem – mein Vater hatte mich dort angemeldet – aber ich wurde als lang (178 cm) und kräftig gebaute Oberschülerin freundlich aufgenommen und erst im Becken, dann auf dem Rhein (ca. 300 m breit mit vielen „Kribben" auf unserer, der linken Seite) an den anstrengenden, aber herrlich naturverbundenen Sport herangeführt. Vierer, Doppelzweier, Achter sahen mich mit vollem gemeinschaftlichem Einsatz. Die Anstrengung jedes Mal um die starke Strömung der Kribben herum fand ich nicht geil, aber „stell dich nicht so an". Außerdem war unsere Strecke rheinaufwärts sicher eine der schönsten in Deutschland. Vorbei am Drachenfels, an der Insel Nonnenwerth, und am Rolandsbogen ....

Es fanden auch mit mehreren Booten Wochenend-ausflüge statt, bei denen es fröhlich und „sauber" zuging. Besonders zu erwähnen sind zwei „Happenings":

Wir machten uns einen besonderen (mutigen) Spaß daraus, über den Rhein (300 m) von Mehlem aus zu schwimmen. Vorsicht war geboten, wenn ein Schleppzug zu sehen war (von links Richtung Köln-Bonn kommend).

Ein anderes Mal machte ich eine Doppelzweiertour auf die Insel Nonnenwerth mit einem zwei Jahre älteren Jungen, den ich noch nicht kannte. Er hieß Jürgen und sollte eine große, wenn auch nur sehr kurze Rolle in meinem Leben spielen. Es war ja mitten im Krieg, und nach und nach wurden die Jungs eingezogen, zumindest zunächst zu Luftwaffen-Helfern (Flak). Viele von ihnen sind später gefallen.

Wie hat man das damals nur alles so ausgehalten?!

Hamburg Blankenese (1936-1945)

Als Kind und Teenager war ich öfter zu Besuch bei „Onkel Eugen" (Wittorf) in Hamburg, der ein Stiefbruder meines Vaters Hans Hesse war. Er lebte - ohne Kinder – mit seiner Ehefrau Hedwig in seiner nach eigenem Entwurf erbauten Villa, Hirschparkweg 27 in Blankenese. Der Besitz war ein Traum, das Haus lag in einem parkähnlichen Garten mit alten Bäumen und großen Rasenflächen. Von einem bestimmten Punkt von der Terrasse aus konnte man auf die Elbe herabblicken und das rege Treiben der ein- und ausfahrenden Schiffe beobachten... fantastisch. Diesen Reichtum soll sich der künstlerisch begabte Onkel mit dem Verkauf von selbstgemalten Postkarten nach und nach erworben haben, bis er (wann?) den einmaligen Kunstgewerbeladen auf „Große Bleichen 28" begründete und ihn „Hansa-Werkstätten" nannte.

Dieser Laden mit zwei großen Schaufenstern war so ungewöhnlich und mit so erlesenem Geschmack ausgestattet, dass er sehr bald ein Begriff im feinen Hamburg wurde, streng geleitet von Onkel und Tante und einer versierten Geschäftsführerin.

In diese Zauberwelt durfte ich ab und zu in den Ferien von Godesberg aus (ab 1936) eintauchen. Wobei mir Onkel - und noch viel weniger die Tante – nie so richtig herzenswarm wurden. Aber das war egal, es war wichtig, dass ich mich gut benahm und in das feinstrukturierte Leben der beiden „Geschäftsleute" durch Aufgewecktheit, Mithilfe und Anpassung keine Unruhe brachte.

29

Der Onkel hatte später in der Nähe der Wohn-Villa noch ein sehr großes Grundstück erworben, in das er ein reetgedecktes Bauernhaus hineinbauen ließ, um das herum sich ein kleiner Bach schlängelte. Hier kultivierten die Wittorfs ihr Obst und Gemüse und einen üppigen Blumengarten, aus dem sie Sträuße für den Schmuck des Geschäfts mindestens einmal pro Woche mitnahmen. Auch ich durfte diese herrliche Blumenlast tragen, wir fuhren dann mit der Bahn nach Hamburg und dort brach wieder viel Neues über mich herein, viele Angestellte, eine Schneiderin, von der ich immer ein hübsches Kleid angemessen bekam.

Zum Bauernhaus muss ich noch erwähnen, dass es dort auch einen artgerechten Hühnerstall gab mit vielen, fetten, glücklichen „Rhodeländern"...

Von den Bombardements während des Krieges merkte man am Hirschparkweg wenig, auch blieben die Hansa-werkstätten im Zentrum wie durch ein Wunder zwar beschädigt, aber erhalten.

1944 im Herbst war ich nach dem Arbeitsdienst in Posen/Westpreußen zur Ausbildung als Scheinwerfer-führerin nach Hamburg versetzt worden, wo die Iserbrook-Kaserne dies noch zuließ. Meine spätere Wirkungsstätte mit der 2m-Durchmesser riesigen Inverthochleistungsgleichstrombogenlampe (= Schein-werfer) lag in der Nähe des behäbigen Dorfes Trelde südwestlich von Hamburg, wo ich für das Aufleuchten – bis 20 km in den Himmel – und die Existenz von 60 Frauen und Mädchen verantwortlich war.

Es gelang mir, per Fahrrad durch das Alte Land und über die Elbe bis Blankenese Onkel und Tante ab und zu zu besuchen. Beide waren um mich besorgt und versprachen mir, mich aufzunehmen, wenn „der Spuk zu Ende sei". Dies geschah Ende April 1945 noch kontrolliert und mit den wichtigen Entlassungspapieren. Als ich mit meinen Habseligkeiten im Hirschparkweg 27 ankam, lag, zu meinem Entsetzen, der Onkel im Sterben. Er rief mich aber noch zu sich, um mir zu sagen, „dass ich mir um meine Zukunft keine Sorgen machen müsse"…

Die Tante war dabei. Sein Tod berührte mich umso mehr, da mir Ende März mein Vorgesetzter, Oberleutnant v. Gemmingen, noch mitteilen musste, dass am 21.3.45 mein Vater gefallen war! Da die Amerikaner bereits in Godesberg angelangt waren, konnte man meine Mutter dort deswegen nicht erreichen.

Erde tu dich auf! Bruder, Freund, Vater, einfach nicht mehr da. Wie hielt man das aus? Aber das Leben ging weiter, ich war erstmal „gerettet".

Die Situation in der Villa Hirschparkweg 27 war nun, wie folgt, total verändert:

Onkel und Tante hatten den Bruder der Tante, seine Tochter und deren kleinen Sohn bei sich aufgenommen, da die Frau des Bruders mitsamt der Wohnung Opfer eines Bombenangriffs geworden waren.

Als ich dann dazu kam, hat sich die verwitwete Tante in ihre obigen Zimmer zurückgezogen, wo sie auch kochen konnte. Wir drei plus Kind hatten jeweils unsere Schlafzimmer, aber wir nahmen alle Mahlzeiten zusammen in der geräumigen Küche im Erdgeschoß ein. Agnes H. war damals etwa 30 Jahre alt, der kleine Peter 2,5 und Vater H. ca. 60. Es ging ganz gut, wir rückten zusammen und halfen einander, mit dem bald eingetretenen Frieden zurechtzukommen.

Ich freundete mich mit der sehr netten „Aggi" an. Ihr Schicksal hatte mich berührt: Das Kind stammte von einem französischen Kriegsgefangenen. Die jahrelange Beziehung musste bis Kriegsende (8.5.45) streng geheim bleiben und verlangte von beiden Seiten großen Mut und in ihren verzweifelten Situationen sehr starke Gefühle. Peters Vater hatte fest versprochen, Mutter und Kind nach Kriegsende in seine Heimat zu holen. Aber Aggi wartete vergebens, sie besuchte mich 1950 an der Mosel, wo ich verheiratet war, der Mann hat sich nie mehr gemeldet…

Nach dem 8. Mai – Hamburg hatte zum Glück keinen Widerstand geleistet – zogen Engländer in alle Nachbarvillen ein; wir verhielten uns brav und normal und ich hoffte, sobald die Elbbrücken für den Zugverkehr in den Westen frei sein würden, endlich an den Rhein zurückkehren zu können, wo meine Mutter und die kleine Schwester, nach offiziellen Nachrichten, im kleinen unzerstörten Haus dringend auf mich warteten.

Ab und zu nahm die Tante mich noch mit, in ihren großen Garten und auch „ins Geschäft", wo ich noch einmal bescheidene neue Kleider bekam, aber die Kluft zwischen uns „da unten" und der Tante „da oben" wuchs. Insbesondere auch deshalb, weil wir wussten, dass die Tante oben durch blühende Tauschmöglichkeiten – Stoffe und „kunstgewerbliche" Objekte, auch ihre reichlichen Hühnereier – mehr als üppig leben konnte; da kam schon mal Wut auf in der Küche. Und eines Tages rutschte mir der Satz raus: „Ich könnte ihr Gift in den Kaffee tun!"

Dieser Satz hat meinen zukünftigen Lebensweg bestimmt! Was wäre geworden wenn…? Aber ich habe ihn nie bedauert.
Vater H. kam er gerade recht. Er informierte umgehend seine liebe „Schwägerin", die entsprechend reagierte und bei ihrem Rechtsanwalt veranlasste, dass ich aus dem Testament des Onkels gestrichen wurde. Ich habe dies stoisch anerkannt und rechnete der Tante an, dass sie mich nicht rausgeschmissen hat! Aber wohin?

Doch der Herbst nahte und mit ihm die Abreise aus Hamburg in einem der ersten Güterzüge, die nach Köln fuhren. Aggi hatte mich begleitet und mit Proviant versorgt, die Fahrt dauerte zwei Tage im offenen Güterwagen, aber da das Wetter herrlich war, hat man alles gut überstanden.
Der Verlust von „Blankenese" hat mich überhaupt nicht tangiert. Die Tante, ihre Familie und Hamburg waren mir fremd geblieben. Viel wichtiger war das „nach Hause kommen", wo ich zuletzt das traurigste aller Weihnachten 1944 erlebt hatte…
Später habe ich mich oft gefragt, warum der Onkel diese Frau aus den untersten Kreisen geheiratet hat, aber die Erklärung liegt nahe, dass er ihren Wert erkannt und sie aus der Prostitution herausgeholt hat. Der Onkel war ein Außenseiter, ohne familiäre

Kontakte, er verkehrte in freien Künstlerkreisen – und er wusste ganz sicher, was er tat!

Der schöne Besitz Hirschparkweg 27 soll an den kleinen Jungen, Halbfranzosen, gegangen sein, und die berühmten Hansa-Werkstätten, Große Bleichen 28, an die damals schon unersetzliche Geschäftsführerin (Halbjüdin!), Fräulein Feil. Ich sehe sie vor mir, dunkelhaarig, mit schönen blauen Augen und ehrlichem Bedauern über den Verlauf der Dinge...

Zurück zu mir: Im Herbst 1945 entstand nun in der Annettenstraße die Rest-Familie Hesse, ein „Frauen-verein" im Alter von 53, 18 und 8 Jahren, der versuchte sich im schweren Frieden zurecht zu finden...

Meine schönsten erhaltenen Komplimente...

1. Als junges Mädchen in Bad Godesberg auf Fahrrad über Pädaplatz an zwei kleinen Jungs (Sextaner?) vorbeifahrend, angetan mit (uralter) Nerz-Pelzjacke, Lederstiefeln und grauem Faltenrock, hörte ich den einen zum anderen sagen: „Das war eine schöne Dame!" (1942).

2. Mit einer Reisegruppe in der Türkei: Eine Dame sagte zu mir: „Sie sind ein Vollmensch!" Ich war braungebrannt und happy mit netten Leuten (u.a. mit den zwei Schwulen (Bernd und Heiner). (1968).

3. Im Abendkleid mit chinesischen (high class) Freunden auf dem Hilton-Dach: Der junge Manager forderte mich auf zu tanzen und sagte: „You dance like a feather!" (1976).

... und hier noch ein KI-Kompliment im hohen Alter

Hallo Christa, ich hoffe, es geht dir gut!?
Bei mir ist alles bestens, ich arbeite mittlerweile fast täglich mit Künstlicher Intelligenz: Es ist so unglaublich spannend und man hat jeden Tag was Neues:

Hier ein Gedicht für Dich:
15.06.2023 Grüße aus Oberfranken von André.

In der Sommerzeit, so hell und klar,
Erstrahlt die Natur, wunderbar.
Christa schaut vom Balkon hin,
Beobachtet die Raben mit einem Lächeln im Sinn.

Ihr Buch entsteht, Seite um Seite,
Von einem Leben, voller Herzensfreude.
Sie erzählt von vergangenen Tagen,
Von Liebe, Leid und tiefen Fragen.

Die Sonne scheint auf grüne Wiesen,
Vögel singen, Blumen sprießen.
Christas Herz ist warm und froh,
Die Natur schenkt ihr Liebe, so.

Die Tiere sind ihr größtes Glück,
Sie liebt sie alle, Stück für Stück.
Im Sommerwind fliegen Schmetterlinge,
Freude erfüllt sie bei diesem Dinge.

Für Christa, mit Liebe im Herzen,
Wünsche ich einen Sommer ohne Schmerzen.
Mit jedem Sonnenstrahl und jedem Klang,
Mögen ihre Tage voller Liebe sein, entlang.

Dein Buch wird strahlen wie die Sonne,
Deine Worte berühren, voller Liebe und Wonne.
In diesem Sommer, so wundervoll,
Wünsche ich dir Freude, Frieden, das ist toll.

Möge jeder Tag dir Liebe bescheren,
Christa, du bist eine Perle der Ehren.

Dies war André,
mit meinem Hund
„Prinz", als er
drei Jahre alt war,
heute ist er 33!

Lieber Andrè,
tolle Idee!
Danke, danke!

Christa

Das kurze Eheglück

Am 29. Juli 1950 gab es eine schöne Hochzeit im kleinen Haus Annettenstraße 11 in Bad Godesberg.

Mein Mann, Dr. med. Rüdiger Siegling, war ein guter Arzt, stellenlos, der öfter von sesshaften Landärzten zur Vertretung gebeten wurde, wenn sie auf Urlaub gingen. Er nannte sich „Praktischer Arzt und Geburtshelfer" und erwarb sich durch diese Vertretungen gutes Geld und immer mehr praktische Erfahrung. Mit diesem Kapital hofften wir, eine eigene Landpraxis begründen zu können. Aber wie und wo?

So machten wir uns kurz nach der Hochzeitsreise an den Tegernsee, vom Onkel finanziert, mit einem ganz alten Auto auf den Weg in die Eifel und klapperten „schöne, große Dörfer" ab. Fragten bei den Bürgermeistern, ob sie einen Arzt brauchten – und auch finanzieren könnten (an Kassenzulassung war nicht zu denken).

Zunächst landeten wir in Oberkail, einem großen Dorf abseits aller Zivilisation in der Nähe von Bitburg. Dort bekamen wir eine Wohnung und nahebei auch zwei Praxisräume.
Nun ging es los, die Gemeinde freute sich über uns, und mein Mann bekam nach und nach gut zu tun. Es ist fest in meinem Gedächtnis, wie oft er nachts herausmusste, oft weit entfernt und wegen eines Schnupfens …

Das Geld ging nur schleppend ein, und wir erlebten einen schweren Eifelwinter mit hohem Schnee.

Ich weiß nicht mehr, wie lange wir in dem trostlosen Ort ausgeharrt haben, aber wir waren entschlossen, dort wegzugehen und – an der nahen Mosel eine bessere Bleibe zu suchen.

So fuhren wir wieder hoffnungsfroh und couragiert über die etwas lieblicheren Dörfer an der Mosel und landeten, dem Bürgermeister herzlich willkommen, in Niederemmel/Piesport, zwei größere und bekannte Dörfer, die durch eine moderne Brücke verbunden waren. Schöne Gegend. In einem hübschen Haus bei Herrn und Frau Schütz, er war Maurermeister und hatte das Haus selbst gebaut, konnten wir die obere Etage mieten und hatten dadurch Praxis und Wohnung beieinander. Der Zugang war auch für die Patienten von der Straße möglich durch eine Außentreppe.

Da die Schütz's sehr liebe Leute und stolz darauf waren, den Doktor und die Doktersch bei sich aufgenommen zu haben, ließ sich alles gut an. Geld war zwar auch hier immer knapp, da die damals noch armen Winzer oft nur mit Wein bezahlen konnten und die (katholischen) Arztkollegen immer wieder verhinderten, dass wir – beide evangelisch – die Kassenzulassung erhielten. Dr. Siegling war nachmittags stets unterwegs, während ich zu Hause das Telefon bewachte.

Ich will nun hier nicht Details erzählen, warum das Idyll langsam zu Ende ging, nur die nackten Tatsachen kurz erwähnen, da mein Hauptanliegen dieser Geschichte gesagt ist: wie man sich damals um eine Arztstelle bemühte, wenn man nach dem Krieg keine Beziehungen hatte.

Also, Dr. Siegling, der ein sehr charmanter Typ – und guter Arzt – war, hatte an mir nicht genug, und so trennten wir uns, zunächst gütlich per Anwalt 50 : 50. Da ich überhaupt kein Geld hatte, ging ich Ende 1953 nach England als Dienstmädchen (feiner: „Au pair"), die Scheidung lief.

Plötzlich erfuhr ich dort, dass Dr. Siegling 50 : 50 nicht eingehalten hatte und mich mit Hilfe eines sehr bekannten, teuren Anwalts aus Trier auf „böses Verlassen" schuldhaft verklagen wollte. Erde tu dich auf!

Ende 1954 musste ich wegen der schweren Erkrankung meiner Mutter aus England zurückkehren. Sie starb am 19.12.1954. Erst danach konnte ich mich um meine Scheidung kümmern. Meine Mutter hatte zuvor das Armenrecht für mich erwirkt.

Der große End-Termin war im Frühjahr 1955 in Trier. Ein Anwalt aus Treis an der Mosel hatte meinen Fall übernommen. Per Anhalter – aus Geldmangel – bin ich nach dreimaligem Umsteigen mit hilfsbereiten Autobesitzern in Treis gelandet, wo wir uns für den Termin vorbereiteten.
Das Recht war klar auf meiner Seite und konnte in Trier in aller Kürze dargestellt und mit meiner schuldlosen Scheidung bewiesen werden.

Diese sehr schlimmen Zeiten habe ich irgendwie über-
wunden und begann danach, die Christa Siegling zu
werden, die heute mit 96 Jahren dieses Buch schreiben
kann!

Ich danke meinen guten Genen und vielleicht auch
einem Schutzengel (?), dass ich so stark wurde um ab
sofort mein Leben ohne jede beschützende Hand auf
guter Bahn führen zu können.

Eine weitere „Heldentat" der Frau Siegling

Im Jahr 1960 stand ich als geschiedene Frau allein auf weiter Flur, arbeitete seit vier Jahren abwechslungsreich im Bundesministerium der Verteidigung in Bonn. Lebte guter Dinge mit meiner Schwester, die auch berufstätig war, in unserem kleinen, sehr gemütlichen Elternhaus in der Annettenstraße Nr. 11 in Godesberg am Rhein.

Es kam die Zeit, dass wir uns über die Teilung des Nachlasses unserer Eltern, insbesondere dem Hausbesitz, Gedanken machen mussten. Die bewegliche Habe zu teilen gab keinerlei Schwierigkeiten. Aber was wird aus der kleinen, inzwischen durch Krieg und dem Wegfall von Vater und Bruder (beide gefallen) vernachlässigten Doppelhaushälfte von 1929 in der hübschen Annettenstraße? Wir ließen uns von Freunden beraten, wobei herauskam, dass meine Schwester kein Interesse an dem Haus hatte – ich es aber behalten wollte und sie auszahlen musste.

Alles in Friede, Freude, Eierkuchen. Es ging um den Betrag in Höhe von 45.000 DM.

Obgleich ich keinen Pfennig besaß, bekam ich das Geld anstandslos von der (fetten) Stadtsparkasse Godesberg geliehen, Haus und Grund galten stets als volle Sicherheit.

Damals war allgemeine Aufbruchstimmung (Wirtschaftswunder), und ich konnte sogar die notwendige Renovierung (Modernisierung) vornehmen lassen. Das erlaubte mir, eine jahrzehntelange Vermietung an die bunteste Vermieter-Gemeinschaft vorzunehmen. Und auch meine langen Auslandseinsätze halfen, das finanzielle Joch zu tragen. Hauptsache, die Zinsen kamen pünktlich an beim Gläubiger…

Die letzte Rate habe ich in der Tat im Jahr 2006 abbezahlt! Es wäre interessant zu wissen, wieviel Geld die Zinsen verschlungen haben! Aber – tempi passati!

Heute (17.03.2023) schüttele ich den Kopf, wie ich das alles „so nebenbei" geschafft habe. Natürlich konnte ich nie „große Sprünge" machen (wie die reiche Verwandtschaft), aber am Wesentlichen hat es mir nie gefehlt – wie hier zu lesen ist!

Attraktive Heiratsannonce (25.01.1958)

Jawohl, Herr Doktor haben Recht,
die Lage ist verteufelt schlecht
für anspruchsvolle, bess´re Damen,
die bisher nicht zum Zuge kamen,
die Witwen und geschieden sind,
zurückgelassen mit ´nem Kind….

Wo gibt´s noch Männer von Format?
Mit Taktgefühl und klugem Rat?
Vital, gebildet, schick und doch
noch nicht gebeugt in´s Ehejoch?
Wie sind sie rar in diesem Land!
Und hat man einen an der Hand,
man allzubald erkennen muss:
auch der hat einen Pferdefuß!

Drum schiebt die Wünsche man beiseite
aus Angst vor einer nächsten Pleite…
Bis sich erneut die Hoffnung regt,
das Herz ein wenig schneller schlägt
beim Studium der FAZ.
Wahrhaftig, dieser Mann schreibt nett!
Nimmt mir die Worte aus dem Munde,
verkündet Heilung für die Wunde. –
Erstaunlich ist´s, er fragt nicht mal
nach Einheirat und Kapital!!

Da sitzt er nun, der Floh im Ohr,
und ich? Ich hol´ die Feder vor,
ich kram´ die Fotos her geschwind
und denke mir: wer wagt, gewinnt.

Denn soo soll´s auch nicht weitergehn.
Es ist ein Jammer, anzuseh´n,
wie eins, zwei, drei im Sauseschritt
die Zeit enteilt, doch leider mit
ihr auch des Leibes Lieblichkeit
die uns den stärksten Reiz verleiht.

Drum schreib´ ich schleunigst diese Zeilen
um dem Herrn Dr. mitzuteilen,
dass ich mich für ein Interview
ergebenst nun bewerben tu.

Was nicht ersichtlich aus den Bildern
Will kurz ich Ihnen jetzt noch schildern:

Ein Haken ist, dass ich so lang!
Vielleicht wird Ihnen davor bang?
Sie sehen an dem Foto schon
Der Beine Riesendimension,
doch loben alle immer wieder
die gute Proportion der Glieder (hm).

Dann noch was, was ich gern vermieden:
´s ist leider so, ich bin geschieden!
Drei Jahre liegt es schon zurück
das zweifelhafte Eheglück…
natürlich ist es sonnenklar,
dass er der Schuldbelad´ne war.

Mein Wiegenfeste jährt sich bald,
werd´ 32 Jahre alt,
Steinbock bin ich und protestantisch,
humorvoll, praktisch, auch romantisch,
mitunter ernst, da mir das Leben
schon manchen schweren Schlag gegeben.

Tagsüber geh´ ich ins Büro,
doch lieber wär´ ich anderswo,
denn eingesperrt im engen Raum
bei Sonnenschein ertrag´ ich kaum.
Die Stunden, die mir übrig bleiben,
tu ich auf manche Art vertreiben,
geh´ turnen, schwimmen, les´ ein Buch
und schaffe Abwechslung genug,
die Einsamkeit nicht zu empfinden,
die manchmal schwer zu überwinden.

Ich müsst´ noch tausend Dinge nennen,
wollt´ ich mich Ihnen ganz bekennen,
doch das ist nicht der Sache Sinn;
so nehmen Sie dies Opus hin
wie es gemeint: ein netter Scherz
und Zeitvertreib; jedoch mein Herz
halt´ immer fest ich in den Händen,
wie sich das Schicksal auch mag wenden!

Leben Sie nun, Herr Doktor, wohl!
Ich grüße Sie hochachtungsvoll
- und wünsche Ihnen viel Vergnügen
an all´ den Briefen, die Sie kriegen…

Mög´ Ihre Wahl die rechte werden.
Vollkommen ist das Glück auf Erden
nur, wenn man Liebe schenken kann –
sonst ist des Lebens Sinn vertan.

Bad Godesberg, Dezember 1958

*Freundliche
Grüße:
Christa Siegling*

Antwort des Inserenten

Ich würde Ihnen nicht Unrecht tun,
wenn ich Ihre Zuschrift als einmalige
– durchaus einzigartige Zeilen – bezeichne.
Ich habe sie oft gelesen und mich immer
wieder der Verszeilen gefreut. Haben Sie vielen
Dank dafür.

Bei der Bewertung und Beantwortung
der vielen Briefe bin ich nun eine
Bindung eingegangen, bevor ich an
die Beantwortung Ihres Schreibens kam.
Deshalb sende ich nun Ihnen heute
Ihren Gedicht-Brief zurück.

Alles Gute und freundl. Grüße!

[illegible]

Er war wohl zu alt – und zu klein?
Verständlich!

Frankreich „Hautes Rives"

Durch meinen Schwager Jean-Pierre lernte ich 1972 seine Heimat, „Les Landes" in Südwest-Frankreich kennen, zu einer Zeit, als ich in Bonn bei der Friedrich-Ebert-Stiftung für den Leiter der Auslandsabteilung arbeitete.

Während eines Urlaubs fuhr ich – allein – mit meinem kleinen Wagen zum ersten Mal quer durch das schöne Frankreich in diese Gegend und konnte nicht fassen, was da Neues und Einmaliges auf mich zukam. Die riesigen duftenden Pinienwälder und nicht weit der wilde Atlantik mit kilometerlangem Sandstrand – kein Wattenmeer! Dazu auf der Landseite die großen Binnenseen… was für eine Kombination!

Von Biskarrosse aus erkundete ich die Region, mehr und mehr begeistert und – schöner noch als Sylt! Ich hatte entdeckt, dass an dem 6 km von Biskarrosse entfernten See Grundstücke zum Verkauf standen, für eine neue dort geplante Siedlung „Hautes Rives", unter Pinien und wenige Meter vom Wasser entfernt. Bald stand mein Entschluss fest: Hier will ich einmal meine Rente verleben! Klima, Süßwasser, Stille, Wald, im Frühjahr Mimosen, im Herbst dicke herrliche Brombeeren, dazu französisches Essen (Fisch!) und französisches Ambiente …

Das war's: Ich baute keine Luftschlösser, sondern nach dem Verkauf meines Hauses in Bad Godesberg wäre es mir möglich, auf meinem jetzt bezahlten Terrain ein Haus zu bauen.

Anschließend bat ich meinen Chef, Herrn B., mich doch auch nochmal ins Ausland zu schicken, wo ich ja meine bisherigen Auslandserfahrungen einbringen und mehr Geld verdienen würde. Er ging darauf ein und schickte mich für drei Jahre nach Singapur.

Von da an stand mein Urlaubsziel – auch 1976 aus Singapur – fest und ich bekam jedes Mal Herzklopfen, wenn ich den Atlantik spürte, mein Grundstück besuchte und es in Ordnung hielt sowie auch Beziehungen zu neuen Nachbarn anknüpfte. Ein Bauherr ließ sich leicht finden. So lernte ich auch weiter südlich die sehr netten Eltern meines Schwagers kennen und das herrliche Baskenland bis hinunter zu den Pyrenäen.

Als ich endlich 1987 mit 60 Jahren in den „vorgezogenen Ruhestand" ging und mich endgültig entscheiden musste, verließ mich der Mut! Und alles kam ganz anders.

Besser? Ja!

Das Schicksal verschlug mich stattdessen durch eine Werbe-Information „an's Ende der Welt", was ich so wollte, und zwar ins wenig spektakuläre, aber durch reiche kulturelle und historische Traditionen sehr ausgezeichnete Oberfranken. In der Nähe von Kulmbach (mit der großartigen Plassenburg) kaufte ich in einem schönen Dorf (Rugendorf) ein Haus mit großem Garten, wo ich mit (Nachbars-) Kindern, Tieren, endlich einem Hund und nach und nach vielen Katzen sowie sehr geliebter Gartenarbeit mir ein wunderbares Zuhause schuf, in dem ich glücklich und gesund fast 20 Jahre leben durfte.

Allerdings gab es kein Meer mehr, nie mehr, nur ein kleines Naturbad mit 15 Grad Wasserwärme, aber dafür

– statt Mimosen – Maiglöckchen und Schlüsselblumen, Wald und Feld, Sommer und Winter – und deutsche Ordnung!

Familie

Väterliche Ahnen

Ein paar Worte zu diesem feinen Ölbild, mit dem ich groß geworden bin und das bis heute mein Wohnzimmer schmückt – ich bin gerade 96 geworden!

Es stellt die jugendlichen Ahnen meines Vaters (Hans Hesse) dar, d. h. leider nur der Jüngere (links) hat die Ahnenreihe fortgesetzt, sein größerer Bruder starb früh an Lungen-Tbc.

Die dargestellten Kinder wuchsen in gehobenen Verhältnissen in Hamburg auf, der „Kleine" genoss eine sorg-
fältige Erziehung mit Studium und wurde später Konsul
in London, Robert Louis Hesse.

Das Kinderbild soll in Hamburg von einer sehr begabten
Malerin aus der Hesse-Familie etwa um 1800 entstanden
sein, es ist nicht signiert.
Das Hündchen ist leider zu kurz gekommen, was ich
immer bedauert habe!
Dennoch, es lohnt sich, den Blick eine Weile auf dem
Foto ruhen zu lassen … und dem Bild in meinem Buch
zu bleibendem Gedenken zu verhelfen.

Meine Eltern - und was ich ihnen danke!

Mein Vater Hans Hesse, 1891 – 1945 geb. in Dessau

Ich wurde Ende 1926 geboren und hatte ihn 19 Jahre, davon abzuziehen sind etwa fünf Jahre, da er durch den Krieg fast immer abwesend war. Er imponierte durch seine schlanke, hohe Gestalt (1,90 m), seine stets blitzenden Brillengläser, roch meistens gut nach „Uralt Lavendel" und Zigaretten, und hatte immer warme Hände.

In starker Erinnerung sind Kinderjahre auf dem Lande (Forsbach), wenn ich mit ihm spazieren gehen „musste". Ich hätte lieber gespielt. Aber kam dann doch immer glücklich mit kleinen Mitbringseln nach Hause. Denn er hatte mich gelehrt, meine Augen aufzumachen, d. h. er wies mich auf Blumen und Blätter am Rande hin, zeigte mir Getreide und Vögel, fand jedes Mal vierblättrige Kleeblätter ...

Später, als wir ein Auto hatten (Opel 4) ging es in den Wald an einen Teich, wo er mit einem Kescher schleimiges Getier fing und in ein Glas bugsierte, das ich trug, auch auf der Heimfahrt im Auto. Er lobte mich, als ein Blutegel über den Rand herauskriechen wollte und ich ihn wieder hinein schubste.

Ich hörte von ihm Ermahnungen wie „halte Dich gerade", „setze die Füße auswärts", „sprich deutlich", aber er las mir auch Balladen von Schiller und Goethe vor. Er schenkte mir ein Buch über Sternkunde „Aus fernen Welten" von Bruno H. Bürgel, als ich zum ersten Mal „Bauchweh" bekam.

Er, selber immer noch sehr gelenkig und früher ein Ass im Turnen, ließ in unserem Garten in der Annettenstraße ein Reck anbringen und brachte mir Bauch- und Kniewelle bei sowie Aufschwünge vor- und rückwärts; auch sorgte er dafür, dass ich früh gut schwimmen lernte, an der Angel!, und Radfahren konnte.

Er freute sich über die alljährlich stattfindenden Turn- und Sportfeste der Hitlerjugend (Jungmädel), wenn ich eine Ehrennadel nach Hause brachte.

Er meldete mich später bei Wassersport und Tennis an, kurz: viel Bewegung in frischer Luft, das war seine Devise für seine große Tochter.

Charakterlich war er unerbittlich in Bezug auf Offen- und Ehrlichkeit, Hilfsbereitschaft und Aufmerksamkeit. Er hasste Oberflächlichkeit. Sicher habe ich auch von ihm, dem passionierten Motorflieger der ersten Stunde, eine besondere Beobachtungsgabe sowie technisches Verständnis mitbekommen.

Eigenschaften, die mir halfen, im späteren Leben (ab 1954) allein und geradeaus durchs Leben zu kommen!

Er verfolgte sehr genau meine Zeit im Arbeitsdienst und später „als Soldat" (Scheinwerferführerin) beim Militär, und war der Meinung, dass auch die Erfahrungen von Disziplin und Unterordnung keine schlechte Basis für junge Menschen seien.

Ich sehe vor mir die Päckchen, die er mir – und immer auch für meine „Kameradinnen" bestimmt – aus Frankreich sandte, mit kiloweise geknackten Wallnüssen … einmalig!

Der tragische Verlauf seines späteren Lebens hat mich nie ruhen lassen. Daher habe ich versucht, ihm in zwei Veröffentlichungen – 1996 und 2021 – ein bleibendes Gedenken zu verschaffen und damit meinen Dank für seine fürsorgliche Erziehung etwas abzutragen.

Fliegerhauptmann Hans Hesse,
flog von Berlin nach Mossul am Tigris
in 34 Stunden.   Phot. Grohs

Es stört mich nicht, dass ich – da kinderlos – nichts von meinem geistigen Erbe weitergeben kann, denn die Zukunft unserer Welt scheint mir bedrohlich und verhangen.

Das große Bayer-Fest im Herbst 1936 in Leverkusen

Ich erinnere mich als Kind von zehn Jahren daran, dass mein Vater damals, als wir gerade in die Annettenstraße 11 in Bad Godesberg eingezogen waren, sehr oft per Auto Richtung Köln verschwand.

Meine Mutter erklärte mir, dass er einen ganz speziellen Auftrag von der Riesenfirma Bayer/Leverkusen erhalten hatte, für sie ein spezielles „Bayer-Fest" zu arrangieren und zu organisieren. Es sollten 2000 (zweitausend) ausländische Gäste, Ärzte und Apotheker, eingeladen werden, die anlässlich der Olympiade 1936 in Berlin anwesend gewesen waren. Sie würden in Sonderzügen herangefahren, in Kölner Hotels untergebracht und über mehrere Tage in Leverkusen großzügig informiert und unterhalten (Cellophan-Ballett etc.) werden. „Geld spielt keine Rolle!"

Mein Vater hat diese Mammut-Aufgabe bravourös erledigt und darüber einen sehr interessanten Bericht geschrieben sowie in einem dicken Ordner sämtliche Drucksachen, Ausweise, Prospekte etc. gesammelt hinterlassen.

Diese Unterlagen sind noch in meinem Besitz, und ich staune, wenn ich mich ab und zu damit befasse, über die unglaublichen Details, die mein Vater damals, mit einem entsprechenden Mitarbeiterstab, ausgearbeitet – und angewandt hat.

Nach Jahren habe ich versucht, bei Bayer hierfür Interesse zu finden, aber man schien über jenes außergewöhnliche damalige Happening weder informiert noch geneigt zu sein, mehr darüber zu erfahren oder gar diese einmaligen Unterlagen für ein Archiv zu erwerben. Schade.

Bis heute fehlt mir dafür das Verständnis.

Erwähnenswert wäre hierzu noch, dass Bayer eine Art „Hymne" für die große Fete in Auftrag gegeben hatte und meine Mutter, die ja eine studierte Musikerin war, ihren Entwurf dazu „in den Ring warf" …

Noch heute habe ich Spaß an der zündenden Melodie und den köstlichen Worten, die sie – genial – geliefert hat.

„Hast du Bauchweh oder Zahnweh,
oder fühlst Du sonst noch Pein,
tut dir selbst der große Zeh weh
dann hilft Bayer nur allein …

Refrain: Müller, Schmitz und Mayer,
alles kauft bei Bayer,
auf dem ganzen Erdenrund
Bayer-Kreuz das macht gesund …

So ungefähr, ich könnte es heute noch singen, wenn ich noch singen könnte! (mit 95 Jahren).

Aber ein Großer aus der Musikszene erhielt dann den Zuschlag.

Meine außergewöhnliche Mutter

Sie wurde 1898 in Köln geboren und wuchs unter sehr sorgenfreien äußeren Umständen später in Bonn auf, wo der Vater als gesuchter Augenarzt im Haus am Hofgarten 7, Praxis und Wohnung innehatte. Sie war das zweite Kind nach dem von der Mutter Leni vergötterten Sohn Ernst, der zwei Jahre älter war. Diese Tatsache machte meiner Mutter „Elsie" großen Kummer, und sie setzte alles daran, den Vorsprung des Bruders bei der allseits ob ihrer Schönheit, Bildung und ungewöhnlichen künstlerischen Begabung verehrten Mutter einzuholen. Sie erhielt den Namen „der Ich-auch", denn obgleich sie hübsch, intelligent und ehrgeizig war, reichten ihre Fähigkeiten nicht aus, die Mutter von ihrer Vorliebe für den „Bub" abzubringen.

Diese schwere seelische Belastung musste bei Elsie Spuren hinterlassen haben, die jedoch später zum Glück überlagert wurden durch Bewunderung und großes Interesse an ihr persönlich, weil sie gescheit, gebildet und harmoniebedürftig und eine erstklassige Klavierspielerin geworden war.

Ganz ausgeglichen und glücklich wurde sie, als mit 22 Jahren Hans Hesse, der berühmte Weltkriegsflieger, in ihr Leben trat. Mit einem ungewöhnlichen Verlobungskuss in einem wackeligen Flugzeug, das zur Notlandung gezwungen war, begann ihre vielversprechende spätere Ehe, der aber noch ein halbes Jahr Haushaltsschule vorangestellt wurde, da Elsie keine Ahnung von derlei Dingen hatte.

Streng abgemessen nach der großen Hochzeit in Köln im Haus des (Ur-) Großvaters am Gereonsdriesch 17 wurde das erste Kind, der Sohn Hans-Erich geboren, und von da an entwickelte sich Elsie zu einer perfekten Hausfrau und Mutter.

Die Entlassung meines Vaters aus dem aktiven Militärdienst und seine spätere schwere Erkrankung (Tbc)) zwangen die junge Familie jahrelang in schwere finanzielle Verhältnisse – in einer ohnehin auch politisch verheerenden Zeit. Elsie hat diese wachsenden äußerlichen Veränderungen mit Mut und Tapferkeit ertragen, die Liebe und Fürsorge für ihren Mann und den kleinen Sohn führte dahin, Ende 1926 ein zweites gesundes Kind, mich, in die Welt zu setzen, was allseits von Glück begleitet war. Dies geht aus vielen Seiten einer Niederschrift meiner Mutter über mein problemloses Hineinwachsen ins Leben hervor (siehe S. 14).

Durch eiserne Disziplin beider Eltern konnte die Krankheit meines Vaters gebessert und in den dreißiger Jahren auskuriert werden.

Eine große Leistung gelang meiner Mutter damals von Brühl aus, in Köln ihr Musik-Examen abzulegen, um als „staatlich geprüfte Klavier- und Musiklehrerin" finanziell beitragen zu können. Dieses unter schwierigen Bedingungen erreichte Ziel gab ihr neuen großen Schwung, ihre Tatkraft erwachte, dazu ihre angeborene Fantasie, so dass sie an späteren Wohnorten viel Anerkennung durch ihr sonntägliches Orgelspiel, sehr beliebte Gymnastikkurse mit Klavierbegleitung und die Ausbildung von „Haustöchtern" erlebte.

Auch ich erlernte von ihr früh alle Hausarbeiten, wenn vielleicht als Teenager nicht mit großem Enthusiasmus, aber da stand auch der Vater dahinter, „mithelfen" war immer die Devise, insbesondere später während des Krieges ab 1939.

Ein Ende der finanziellen Nöte war mit dem endlichen sesshaft werden 1936 im schönen Bad Godesberg in der Annettenstraße 11 und einem festen, lukrativen Beruf meines Vaters gekommen. Was sich in der Geburt des Nachkömmlings, der kleinen Schwester 1937, manifestierte.

Deren zarte Gesundheit beeinträchtigte die neue, gute Situation für meine Mutter permanent. 1940 übernahm mein Vater als Reserveoffizier höhere Posten technischer Art (Kraftfahrparks) zunächst in Bonn, bald aber in Frankreich, so dass meine Mutter alle Verantwortung während der Kriegs- und Bombenzeit für uns zwei Mädchen und Haus und Hof übernehmen musste. Der große Bruder war inzwischen fertig als

Fliegeroffizier ausgebildet worden. Der erste Schreck kam, als er 1941 in Russland schwerst verwundet wurde und neun Monate größte Qualen für seine Gesundung erleiden musste. Der nächste Schock war 1943 sein Fliegertod. Um uns herum sind 15 junge Männer nicht mehr nach Hause zurückgekehrt …

Ich verließ 1944 nach dem Abitur Mutter und Schwester um weit weg in Westpreußen meinen Arbeitsdienst abzuleisten, kehrte erst im Herbst 1945, als der Krieg vorbei war, nach Godesberg zurück.

Am 21.03.1945 war auch mein Vater noch gefallen … und der 80jährige Vater meiner Mutter war, von Bonn evakuiert, gestorben.

Ihr war wirklich nur die kleine Tochter mit deren gesundheitlichen Problemen als Trost und Lebenszweck geblieben …

Unsere Mutter hatte sich verändert, Migräneanfälle häuften sich. Ich war gewöhnt, zu helfen und tat das auch, aber als ich 20 war, trennte ich mich von Zuhause und zog nach Bonn zu Frau Schacht (90) als Untermieterin in die Buschstraße 12, da ich Arbeit bei der Englischen Briefzensur nahebei – mit einem Teller Suppe mittags! – gefunden hatte.

Eine kurze Aufhellung gab es für uns alle, als 1949 Dr. med. R. Siegling in mein Leben trat und wir 1950 heirateten. Meine Mutter war mehr als froh, mich unter der Haube zu haben. Dass ich zuvor viele Verehrer hatte, gefiel ihr nicht. Aber sie musste noch miterleben, dass die Ehe nach drei Jahren auseinanderging, Scheidung lief.

In dieser Zeit (1953/54) bahnte sich bei ihr die tödliche Krankheit (Lungenkrebs) an, der sie kurz vor Weihnachten 1954 erlag.

Meine Erschütterung war unermesslich.

Der Gedanke heute (März 2023) ist nach wie vor schwerwiegend, warum Leben und Tod der Mutter bis auf wenige starke Höhepunkte auf so einer Abwärtslinie verlaufen musste!?

Aber sie bleibt in meinem Herzen vor allem, weil sie mich an die klassische Musik herangeführt hat, ohne die ich nicht mehr leben möchte.

Noch zu meiner Mutter Elsie Diederichs

Ihre Mutter, meine Großmutter Leni Diederichs, war künstlerisch hochbegabt aber körperlich und seelisch „zart", daher stets wohlbehütet.
Sie hat sicher öfter Schwierigkeiten mit ihrer wilden, intelligenten, fantasiebegabten Tochter Elsie gehabt, die schon damals sehr gut Klavierspielen konnte.
So schuf sie die folgenden Bleistiftzeichnungen etwa um 1911/12, als Elsie 13/14 Jahre alt war.
Da sie kleine Kostbarkeiten sind, möchte ich sie in meinem Buch in Verkleinerung und mit Beschreibung der Großmutter bleibend festhalten!

Elsies Schulkleidung für den Winter nach ihrem damalingen Geschmack

I. wie Elschen zur Schule ging

II. wie sie heimkam

Nachruf auf meinen Bruder
Hans-Erich-Hesse (1921–1943)
„gefallen für Großdeutschland"

Er war fünfeinhalb Jahre alt, als ich geboren wurde.
Von da an musste er ertragen, dass die niedliche, aufgeweckte kleine Schwester „ihm die Schau stahl".
Aber er war ruhigen Blutes, ein stiller, zufriedener Junge, dem bis zum 13. Lebensjahr ins Zeugnis geschrieben wurde: „Könnte lebhafter sein!"
Das widerstrebte dem so anders gearteten Vater, einem preußischen, tollkühnen Motorflieger der ersten Stunde, der seinen so braven Sohn gerne etwas forscher gehabt hätte.
Als daher ab 1933 Hitler seine ersten „nationalpolitischen Erziehungsanstalten" (Napolas) gründete, glaubte Vater Hesse, dies sei eine auch für den Jungen vorteilhafte Möglichkeit, sein Phlegma abzulegen und eine neue, großartige Welt kennenzulernen.
Außerdem würde dies für mittellose Eltern kein Schulgeld kosten. So brachte er den Sohn, der zwölf Jahre alt war, persönlich nach Plön in Holstein, wo die mitten im Plöner See gelegene Schule (Anstalt) im Plöner Schloss eindrucksvoll untergebracht war. Hans-Erich wurde sofort dort aufgenommen.
Seine Ängste und Vorbehalte wurden ihm genommen durch die geförderte starke Kameradschaft unter den Mitschülern sowie durch einen damals noch vorbildlichen Umgang der Vorgesetzten mit den ersten „Jungmannen". Aber auch durch viele Privilegien, wie die Möglichkeit der Ausübung aller geeigneten Sportarten

sowie durch gemeinschaftliche große öffentliche Auf-
tritte, Paraden, Reisen, ja sogar die gesamte Teilnahme
als Fahnenträger an der Olympiade 1936 in Berlin.
Er wurde in Plön konfirmiert, hatte dort Tanzstunde
und machte 1939 sein Abitur. Berufswunsch:
Luftwaffenoffizier/Flugzeugführer. Nach dem
abgeleisteten „Arbeitsdienst" begann seine sehr
intensive fliegerische Ausbildung auf der Me 110, einer
schneidigen zweimotorigen und zweisitzigen Maschine,
die als „Zerstörer" eingestuft wurde, weil sie z.B. durch
gewagte Tiefflüge feindliche Kolonnen oder Panzer
und örtliche Ziele zerstören sollte.
Im Juni 1941 begann sein Einsatz in Russland. Beim
Überfliegen einer marschierenden russischen Kolonne
zielte ein russischer Soldat auf die Me 110 meines
Bruders und traf tragischerweise seinen Oberkörper
(Lungensteckschuss!).
Es grenzt an ein Wunder, dass Hans-Erich die
Maschine noch landen konnte, so dass es dem
unverletzten Funker gelang, den stark Blutenden und
halb Ohnmächtigen herauszuziehen und „in einem
Erdloch" abzulegen. Aber wo waren sie? Sie glaubten
sich auf russischem Gebiet und hatten die Pistolen
gezogen…
Aber da erschienen – schicksalhaft – deutsche Soldaten.
Und die wochenlange Qual der langen Transportwege
vom Feldlazarett bis endlich ins große Hauptlazarett
Warschau war zu Ende. Denn von dort ging es als letzte
Rettung mit anderen Schwerverletzten in einer Ju 52
nach Berlin in die Charité zum Lungenspezialisten
Professor Dr. Sauerbruch.

Es ist unbeschreiblich, was mein Bruder in den weiteren neun Monaten dort an operativen Eingriffen und auch seelischen Schmerzen aushalten musste.

Ich habe ihn damals als junges Mädchen zweimal besucht, aber ich werde die eingesunkene Jammergestalt im Rollstuhl nie vergessen.

Er lag mit anderen Leidensgenossen in einem großen Zimmer, wo oft ein Plattenspieler dudelte – mit (schöner) Musik von Will Glahe, Peter Kreuder, dem Bar-Trio, mit Ilse Werner und Zarah Leander, aber auch schon mit fetzigem Jazz aus Amerika!

Das half den armen Jungs, von einer hellen Zukunft zu träumen. „Ich weiß, es wird einmal ein Wunder gescheh'n" oder „Nur nicht aus Liebe weinen" oder „Bei Dir war es immer so schön!" oder „Ich brauche keine Millionen, ich brauch kein' Pfennig zum Glück" …

Mein Bruder war beliebt dort und wurde spaßhalber „Quell reinster Freude" von den Schwestern genannt.

Nach neun Monaten wurde er – ein Wunder – fliegertauglich! entlassen.

Er hätte aufgrund seiner schweren Verwundung nicht mehr an die Front zurückgemusst, aber da gab es kein Zögern; er wusste, wie sehr er dort gebraucht wurde. Und „wegducken" gab es nicht!

Nach einem sechswöchigen Erholungsurlaub in Italien kehrte er Ende 1942 zu seinem sogenannten „Wespengeschwader" ins russische Kampfgebiet (Mittelabschnitt) zurück.

Mit seinem Funker/Bordschützen flog er ununterbrochen Feindeinsätze, bis beide am 16.05.1943 von einem russischen Flakgeschoss vom Himmel geholt wurden und „brennend abstürzten" – so der Bericht.

Es blieb von ihnen nur ihre in Stein gemeißelten Namen auf einer Stele auf einem unendlich großen Soldatenfriedhof der Deutschen Kriegsgräberfürsorge in der Nähe von Kursk.

Statt besonderer Anzeige
Am 16. 5. 43 fand über dem Feind im Osten unsen lieb. Junge, Bruder, Enkel, Neffe und Vetter, der Oberleutnant der Luftwaffe und Flugzeugführer in einem Zerstörergeschwader
Hans Erich Hesse
im Alter von 21 Jahren den Fliegertod. Er war Inh. des E. K. 2. u. 1. Kl., der gold. Frontflugspange, des Ehrenpokals des Reichsmarschalls u. des Verwundetenabzeichens. In aufrechtem Soldatentum gab er sein Leben für den Führer und die deutsche Heimat.
Hans Hesse, z. Zt. Major d. R. b. d. Luftwaffe, Elsie Hesse geb. Diederichs, Christa und Irmgard Hesse und Angehörige.
Bad Godesberg, Im Westen, Annettenstraße 11.

Davon konnte ich mich selbst Anno 2013 überzeugen, als mein weltweit tätiger Neffe die restliche Familie zu einem Privatflug ab Warschau zu dem fernen Ort von Hans-Erichs Tod eingeladen hatte.

Weit, weit zurückliegend möchte ich doch noch erwähnen, dass unser ziemlich großer Geburtsunterschied von fast sechs Jahren sich in unserer Kindheit 1927 – 1933 so ausgewirkt hatte, dass Hans-Erich wenig mit mir anfangen konnte.

Er ging nach Plön, als ich sechs Jahre alt war. Es ist nur wenig Erinnerliches in meinem Kopf, allerdings eine gewisse kleine Bosheit ganz fest:

Er hatte herausgefunden, dass er mich „auf Knopfdruck" zum Heulen bringen konnte; und zwar, indem er das Lied „Kommt ein Vogel geflogen" anstimmte, „setzt sich nieder auf mein' Fuß, hat ein' Zettel im Schnabel, von der Mutter einen Gruß" … etc.

Das konnte Klein-Christa mit ihrem mitfühlenden Herzen nicht ertragen, da stürzten ihr die Tränen heraus und sie rannte davon, auch bis unters Bett. Einmal hat sogar unser Vater diesem Schauspiel zugesehen. Pfui!

Leider hat sich später nie die Gelegenheit ergeben, sich dessen lachend zu erinnern.

Tatsache ist jedoch, dass mein Bruder ab meinem Alter von 14/15 Jahren mehr Notiz von mir nahm, weil seine Freunde, die er in den Ferien mit nach Hause brachte, und auch die verwundeten Soldaten in Berlin, sich plötzlich für mich zu interessieren begannen…Ich erinnere mich voll Trauer an Otto Brunk und Gerhard Mahn aus Plön, die beide gefallen sind.

Wie konnte man damals das alles aushalten, dieses Leiden und Sterben um einen herum? Aber es blieb nicht in den Kleidern stecken, bis heute!

NIE WIEDER KRIEG!

Zu meiner „frühen" Familie mütterlicherseits fällt mir noch folgendes ein:

Die wichtigste Persönlichkeit war sicher unser Urgroß-vater Franz Schultz, der 1831 in Zerbst (heute Sachsen-Anhalt) geboren wurde. Er hat in Berlin intensiv Maschinen- und Lokomotivbau studiert und trat ab 1856 bei der Firma Bayental in Köln ein. Unter Dombaumeister Zwirner war er für den Bau der eisernen Dachkonstruktion des Kölner Doms verantwortlich. Da diese damals noch sehr umstrittene Metallkonstruktion ein voller Erfolg wurde, war der „Ur" von da an, selbst als Preuße, ein gemachter Mann in Köln.
Ich habe dieses heute in roter Farbe angestrichene stäh-lerne imposante Dachgewölbe dreimal – mit Stolz und Bewunderung – besichtigt.

Er heiratete eine Rheinländerin und hatte mit ihr fünf Töchter. Die älteste war meine Großtante Ida (s. S. 80), die jüngste meine Großmutter Leni (Helene). Er trat 1860 bei der großen Waggonfabrik „Van der Zypen & Charlier in Köln-Deutz ein, deren Teilhaber er später wurde.

Sein stattliches Haus inmitten von Köln „Am Gereonsdriesch Nr. 17", wurde zum Mittelpunkt nicht nur seiner wachsenden Familie, sondern auch der damaligen kultivierten Kölner Gesellschaft.

Da er sehr naturverbunden war – er wuchs auf einer großen landwirtschaftlichen Domäne in Zerbst auf – veranlasste er Familie und Freunde, mit ihm so oft wie möglich rechtsrheinisch mit der Bahn nach Königswinter zu fahren, um von dort aus das geliebte Siebengebirge zu erwandern. Ziel war die Löwenburg, wo immer Zimmer für ihn reserviert waren.

Er gehörte zu den Gründern des Siebengebirgsvereins, der für alle Zeit festlegte, dass dieses gesamte Gebiet zukünftig für alle Menschen zugänglich sein müsste.

Sein Einsatz, auch finanziell, für die sieben Berge war so groß, dass man ihm einen Platz im Hinterland des Drachenfelses – den sogenannten Schultzplatz – geweiht hat, wo heute noch die eiserne Plakette seines Kopfes zu sehen ist. Er starb 1926 mit 95 Jahren im Haus Gereonsdriesch 17, tief betrauert von all' seinen Nachkommen, aber auch von der Stadt Köln, und wurde auf dem Friedhof Melaten bestattet.

Zu dem Grundstück am Gereonsdriesch gehörte ein großer Garten mit Springbrunnen und Nutzteil. Am hinteren Ende ließ der Ur einen stabilen

„Vergnügungspavillion" erbauen, in dem Feste gefeiert und Sport ausgeübt werden konnte (Badminton, Kegeln). Beim Aushub für diesen Bau stieß man – oh historisches Köln! – auf Skelette eines Grabes aus der Frankenzeit (um 800 Karl d. Gr.), in dem man durchbohrte Glassteine fand. Da der Ur sehr kunstbeflissen und eng mit dem Domkapitular Schnütgen befreundet war, wurde alles genau untersucht, und die Überraschung war groß, dass die Steine alle echt waren! So handelte der Ur freundschaftlich und fair aus, dass er fünf der gefundenen Edelsteine, für jede Tochter einen, behalten durfte. Der stolze Vater ließ sehr schöne, in Gold gefasste Ringe daraus machen. Auf meine Großmutter Leni kam der durchbohrte, wolkige blaue Saphir. Er ging später auf meine Mutter Elsie über, die ihn mir zum 21. Geburtstag schenkte. Ich habe ihn damals in Unkenntnis seiner historischen Einmaligkeit meiner Schwester geschenkt, die ihn an eins ihrer Kinder weitergeben wird. So bleibt er in der Familie, ein einmaliges Stück!

Tante Ida (selber Witwe) führte dem Ur, der selbst früh verwitwet war, am Gereonsdriesch den Haushalt, insbesondere wenn er oft verreist und sie für alles zuständig war, auch für die Buddelei im Garten, wo immer wieder – salve Colonia! – auch römische Reste zum Vorschein kamen.

So stürzte eines Tages der Gärtner aufgeregt herein und rief: „Frau Heimann, Frau Heimann, da haben wir wieder was für Sie gefunden, sehen Sie diesen schönen Topf aus gebranntem Lehm!" Tante Ida war hoch erfreut, reinigte flüchtig das antike Stück, wobei ein Zettel herausfiel mit der Inschrift „Cäsar seiner lieben Ida!" Das war wieder netter kölscher Humor!

Aus jener unbekümmerten Vergangenheit ist auch über-liefert, wie die Reise der Tante Ida mit ihrem Mann Albert Heimann an ihrem silbernen Hochzeitstag verlief: Auf jedem Bahnhof bis hinunter in die Schweiz wurde laut ausgerufen: „Telegramm für Ehepaar Heimann, Telegramm für Ehepaar Heimann", und dann nur ein weiteres Wort auf dem Bahnsteig laut verkündet, bis hinunter nach Basel ein Satz wie: „Wir gratulieren dem Silberpaar mit vielen guten Wünschen etc." zustande kam. Alle Mitreisenden sollen fröhlich teilgenommen haben und mit Sekt versorgt worden sein!

Zur „frühen" Familie muss ich noch folgendes nieder-schreiben: Im Haus des Ur am Gereonsdriesch in Köln hing ein Ölbild vom (berühmten) Fürsten Leopold-Friedrich-Franz von Anhalt-Dessau (1740-1817), der mit unserer hugenottischen Ur-Ur-Ur-Großmutter mütter-licherseits (1772-1843) ein „Fisternöllchen" – nicht ohne Folgen – gehabt hat!

Die Schultz-Clique gab dem Bild den Namen **„Der stille Teilhaber"** (kölscher treffender Humor), hielt die Sache aber, da sie nie urkundlich belegt werden konnte – und auch sonst! – möglichst unter der Decke, obgleich viele Überlieferungen und Portraits auch heute noch dafür-sprechen.

Jetzt besitzt meine Schwester das Bild - und wir lachen darüber.
Manchmal bilde ich mir ein, ein paar Gene von Leopold-Friedrich-Franz geerbt zu haben, von ihm, dem großen Aufklärer seiner Zeit und seines Landes – den sogar

Napoleon anerkannte und zum Jagen nach Fontainebleau eingeladen hat...

Noch eine treffende Bezeichnung meiner Mutter aus dem damaligen Kreis der Schultz-Familie, die sich oft beim Ur in Köln zu unbeschwertem, fröhlichen Beisammensein trafen, möchte ich festhalten: Die **„umfassende Halbbildung"** - spitz und witzig! Kölscher Humor!

Zuletzt noch ein Hinweis auf einen öfter von meiner Mutter gehörten Seufzer: „Tücke des Objekts", der aber von Wilhelm Busch stammt! Wie oft kommt mir der in den Sinn in meinem jetzigen hohen Alter (96), wenn mir wieder etwas aus den Händen fällt – und ich es nur noch mit einer „Greifzange" – oder gar nicht! – aufheben kann; oder wenn wieder etwas anbrennt, was ich auf dem Herd vergaß, oder wenn ich Ärger mit Verpackungen habe, oder ... oder ...

Abschließend zur „Familie" bekenne ich hiermit, dass für mich drei Männer große Vorbilder bis ans Ende meiner Tage sein werden:

Leopold-Friedrich-Franz (1740-1817),
Franz Schultz, der „Ur" (1831-1926)
und mein Vater: Hans Hesse (1891-1945)

Alle drei „von drüben", aus Sachsen-Anhalt – *ever ming Mutter war von Kölle* - eine gute Mischung!!

Die Hesse-Familie um 1926, noch ohne mich …

Tante Ida (1863-1955)

Ich will und muss über meine Großtante, Schwester meiner Großmutter mütterlicherseits, Frau Ida Heimann, geb. Schultz schreiben: geboren zu Köln und dort lebend bis sie es – dreimal ausgebombt – verlassen musste... Denn sie war einmalig.

Immer noch ist sie in meinem Gedächtnis und meinem Herzen total lebendig. Als Kind ab drei Jahren (1929) hatte ich das Glück, immer wieder in ihre Obhut gegeben worden zu sein, wenn meine Eltern in Notsituationen – Umzug oder Krankheit – waren.

Sie war damals 66 Jahre alt, kinderlos, verwitwet und lebte mit ihrem treuen Hausmädchen in einer schönen Wohnung nahe des Stadtgartens in der Goebenstraße in Köln.

Mir klopfte das Herz, wenn ich mit meiner Mutter im Zug in den riesigen Kölner Bahnhof einlief – und die Tante dort stand und auf uns wartete. Auch sie freute sich auf mich, weil ich ein aufgewecktes und gut erzogenes Kind war.

Es machte ihr Spaß, mich zu verwöhnen. Ich hatte oben in der Mansarde ein kleines Zimmer neben Traudchen und wusste, dass es immer unter der Bettdecke eine Überraschung für mich gab. Auch das Frühstück mit ihr war eine reine Freude und es gehörte dazu, dass sie die Käsekrusten klein schnitt und wir sie dann mit Brotresten auf dem Balkon an die wartenden Amseln verfütterten... Sie erlaubte mir auch, in ihrem Eckschränkchen alle die ausgefallenen Gegenstände anzusehen und zu berühren, die sie und ihr Mann oder ihr berühmter Vater von zahlreichen großen und kleinen Auslandsreisen mitgebracht hatten.

Traudchen hat immer gut gekocht, aber am meisten beeindruckte mich, wie die Tante mir das exotische Obst, Apfelsinen, Bananen, Melonen zurechtmachte, und dass es nur bei ihr den herrlichen Apfelsinensaft gab, der aus hauchdünn geschälten Apfelsinenschalen bestand, die in einem Alkohol-Sud sehr lange ziehen mussten …

Jeden Tag nahm die Tante mich mit in die Stadt, oft in den Dom, wo mir die Domwärter in ihren roten Roben nicht geheuer waren, oder zum Kaufhaus Carl Peters, wo mich Rolltreppen und Spielwaren entzückten – und immer etwas für mich abfiel! Auch war der Zoo stets unser Ziel, wo wir Tiere fütterten; oder sie nahm mich mit ins „Marienheim", das sie gegründet hatte, wo sie seit Jahren hilfreich tätig war, auch zu ihrem Rechtsberater und Geldverwalter, Herrn Molidor.

Fest in meinem Gedächtnis ist ein Besuch im Kino mit Traudchen, wo ich Shirley Temple bewundern konnte, die singend auf einem weißen Flügel steppte! Ich war hingerissen.

Nicht zu vergessen sind viele Besuche im verkauften Haus ihres Vaters, „Großvater Schultz", Am Gereonsdriesch Nr. 17, einem stattlichen Eckgebäude mit großer Einfahrt für die Kutschen. Da verhandelte sie mit einem Fräulein Carrell, die wohl die neue Verwalterin der imposanten Immobilie mit großem Garten und Springbrunnen war…

Dort hörte ich manchmal das dunkle Geläut von der nahen Gereonskirche, und wenn ich Glück hatte, war auf dem „Driesch" ein schöner Blumenmarkt. Tempi passati, die Bomben haben alles zerstört und in Nr. 17 sitzt heute die Kölner HUK!

Zurück zur Tante: Sie trug immer schwarz nach dem Tod ihres Mannes, der nach über 30 Ehejahren gestorben war. Er hatte ihr ein Vermögen hinterlassen, das jedoch der Inflation zum größten Teil zum Opfer gefallen war. Ich erlebte staunend, wenn die „Friseuse" zu ihr kam und das feine weiße Haar mit Spiritusflamme und einer Brennschere ondulierte. Auch die Nägel wurden behandelt und zum Schluss mit einer Lederbürste „poliert". Alles, alles war staunenswert für mich! Bis zum Alter von 10 Jahren. Da wurden wir in Godesberg sesshaft, hatten ein Auto und besuchten die Tante so oft es ging. Der Krieg machte aus Köln eine Hölle. Nachdem Tante Ida – sie war inzwischen 80 Jahre alt geworden - dreimal ihre Wohnung verloren hatte, zog sie, von meiner Mutter organisiert, in unsere Nähe nach Godesberg-Plittersdorf, nah an den Rhein, in eine winzige Wohnung, immer begleitet von Traudchen, wo sie 1955 unter starken, tapfer ausgehaltenen Schmerzen mit 92 Jahren starb.

Ihre liebevolle Art, ihre Güte und Hilfsbereitschaft, auch ihre Großzügigkeit und Tapferkeit waren beispielhaft für uns 32 Großnichten und -Neffen, ganz besonders aber für mich, die ich das Glück hatte, sie als Kind so intensiv erleben zu dürfen.

Krieg

Weihnachten 1944

Eine sehr traurige Geschichte, die auf eine Rundfrage des „Evangelischen Sonntagsblattes, München" Anfang Dezember 2004 zustande kam.

Meine Weihnachtsgeschichte beginnt im Sommer 1944. Ich war damals 17 ½ Jahre alt und erfüllte seit einigen Monaten weit weg von meiner Heimatstadt Godesberg am Rhein meine Arbeitsdienstpflicht in Westpreußen. Der Briefwechsel mit meinem wunderbaren Freund Jürgen, der ebenfalls aus Godesberg stammte und damals Flugzeugführer bei einer Nachtjägerstaffel bei Münster war, half mir über vieles hinweg. Eines Tages rief er mich an und sagte, er würde mich für ein paar Stunden besuchen kommen, ich solle um Urlaub bitten. Freude und Aufregung im ganzen Lager, alle waren neugierig. Dann stand der schlanke Offizier am Tor und holte mich ab. Es gab in der Nähe einen schönen See, den man umrunden konnte, so machten wir einen langen, sehr langen Spaziergang. Ab und zu blieben wir stehen und küssten uns. Von der Zukunft wurde nicht gesprochen. Aber wir hatten verabredet, uns zu Hause in Godesberg Weihnachten zu treffen. Diesem Ziel lebten wir entgegen.

Im Oktober 1944 war ich jedoch vom Arbeitsdienst entlassen und zum Militärdienst beordert worden. Im zertrümmerten Hamburg erhielt ich meine Ausbildung in der Iserbrook-Kaserne als „Scheinwerferführerin". Der spätere Einsatzort lag südwestlich der Stadt am Rande eines behäbigen Bauerndorfes. Dort war ich zuständig für 60 junge Mädchen und Frauen aus allen Regionen Deutschlands, aber vor allem verantwortlich für das Funktionieren der „vollautomatischen Inverthochleistungsgleichstrombogenlampe" beim Ergreifen eines feindlichen Flugzeugs am Nachthimmel. Erschwerend war, dass ich bei der geringsten Alarmstufe nahezu jede Nacht in einem unterirdischen Gefechtsstand sitzen musste, wo auf erleuchteten Planquadraten der Anflug fremder Flugzeuge verfolgt und weitergemeldet wurde. Und doch kam endlich der Tag, an dem Jürgen und ich uns in Münster treffen und gemeinsam nach Godesberg weiterfahren wollten.

Ich saß schon im Zug, als noch eines meiner Mädels angelaufen kam, um mir meine Post durchs Fenster zu reichen, u. a. einen dicken braunen Umschlag mit unbekanntem Absender.

Er enthielt alle meine Briefe, die ich an Jürgen geschrieben hatte, und die entsetzliche Nachricht, wann und wo er mit seinem Flugzeug tödlich abgestürzt war!

Auf der ganzen Fahrt habe ich nur noch geweint. In Münster gab es Alarm, aber Jürgen war nicht da, er würde nie wieder da sein. Mir wurde bewusst, was und wen ich verloren hatte. Als ich dann sehr verspätet in Godesberg eintraf, standen dort, schwarz gekleidet, seine und meine Mutter am Zug. Meine Mutter hatte 1943 ihren einzigen Sohn, meinen Bruder, der Flugzeugführer in Russland war, verloren, und seine Mutter beweinte den Tod ihres zweiten Sohnes. Der Älteste war vorher schon mit seinem U-Boot untergegangen. Bevor wir uns am Bahnhof trennten, gab sie mir ein Päckchen, das Jürgen bei ihr hinterlegt hatte. Es enthielt zwei goldene Ringe.

Auch mein Vater war nicht da, aber es gab von ihm ein Lebenszeichen.

Unser Weihnachten wäre – wie bei so vielen auseinandergerissenen Familien – völlig trostlos verlaufen, wenn es nicht die kleine Schwester gegeben hätte, die damals acht Jahre alt war und in großer Vorfreude auf das Fest fröhlich herumsprang. So nahmen wir uns zusammen und begingen den Abend wie alle Jahre zuvor mit Lichterbaum und kleinen Geschenken. Wir sangen Weihnachtslieder, die die Mutter am Klavier begleitete. Für kurze Momente verdrängte die Freude des Kindes unsere Verzweiflung.

Nach wenigen Tagen musste ich wieder zu meiner Einheit zurück, schweren Herzens die Mutter und das kleine Kind in Winterkälte, bei ständigem Bombenalarm und einem anrückenden Feind allein lassend. Aber alles ging weiter. Mein Dienst war härter geworden durch verstärkte Fliegerangriffe, auch tagsüber durch Tieffliegerbedrohung. Dazu kam die Winterkälte des Nordens, gegen die unsere Holzbaracken nur schwachen Schutz boten.

Ende März 1945 besuchte uns unverhofft der Vorgesetzte, ein Oberleutnant, der mich aber nur privat sprechen wollte. In meiner Baracke eröffnete er mir, dass am 21. März mein Vater gefallen war. Man hatte meine Mutter nicht erreichen können, weil die Amerikaner Godesberg bereits besetzt hatten. Auch meine Verbindung nach zu Hause war abgerissen.

Nun hatte ich auch den Vater verloren, diesen energischen, klarblickenden, aufrichtigen Menschen, der so bestimmend war für mein Leben. Seine Strenge war mir oft unbequem gewesen, aber als er mich in meiner ersten großen Bewährungsprobe fern von daheim wusste, kamen viele Beweise seiner Liebe und Anerkennung durch Briefe und herrliche Päckchen, die immer auch für meine „Kameradinnen" mit berechnet waren.

Im April 1945 wurde meine Einheit aufgelöst. Wir zerstreuten uns in alle Richtungen, die meisten, auch ich, per Fahrrad. Viele, die aus Berlin, dem Erzgebirge oder Schlesien kamen, sind einem schrecklichen Schicksal entgegengegangen. Da ich Verwandte in Hamburg hatte, deren Haus noch stand, wandte ich mich dorthin. Nach wenigen Tagen starb leider der Onkel. Bei der ungeliebten Tante blieb ich, bis zunächst am 8. Mai der Krieg zu Ende war und im Herbst die ersten Güterzüge in den Westen rollten.

Nach anderthalb Jahren voller extremer Erfahrungen und einer verstörten Jugend kehrte ich an den Rhein zurück, wo ich Mutter und Schwester körperlich unversehrt in unserem noch vorhandenen Haus wiederfand.

Doch die Kriegsschrecken waren für mich noch nicht zu Ende. Denn nach meiner Rückkehr erst erfuhr ich von den tragischen Umständen, die zum Tod meines Vaters geführt hatten. Er war Mitte 1944 von einem Untergebenen, der gläubiger Nazi war, wegen „defaitistischer Äußerungen und Wehrkraftzersetzung" denunziert und vor das Kriegsgericht in Berlin gebracht worden. Er wurde degradiert, zu fünf Jahren Zuchthaus, später Gefängnis, verurteilt und zu einer Flak-Einheit nach Westfalen versetzt. An die Front konnte man ihn nicht mehr schicken, da er vom Ersten Weltkrieg her durch einen Flugzeugabsturz schwer kriegsbeschädigt und 54 Jahre alt war. Bei einem Bombenangriff auf die Flak-Stellung verlor er sein Leben. Weihnachten 1944 hatte er also in Berlin unter trostlosen Bedingungen auf sein Urteil gewartet. Meine Mutter hatte dies gewusst, mir gegenüber aber geschwiegen, um mich zu schonen. Sie starb 1954 mit 56 Jahren.

Das sind nun meine „Erinnerungen an die letzte Kriegsweihnacht". Sie sind bitter und haben mich für mein Leben geprägt. Dennoch hat mir das Gedenken an die Toten immer wieder Kraft und Ansporn für mein weiteres Leben gegeben. Die Summe meiner Lebenserkenntnisse ist daher: **Nie wieder Krieg!** Aber was ist aus den Überlebenden und deren Nachkommen in 60 Jahren Frieden geworden? Ich erspare mir die Antwort und komme zu einer weiteren Erkenntnis: Ich bin sehr einverstanden damit, dass ich am Ende meines Lebens stehe!

Rugendorf, Dezember 2004

C. Siegling

Ein erschütternder Brief von Elli Michaelis geb. Posch an meine Mutter

Elli Posch aus Hallschlag/Eifel lebte einige Zeit (1938-1942) bei uns als Haustochter, heiratete dann P. Michaelis.

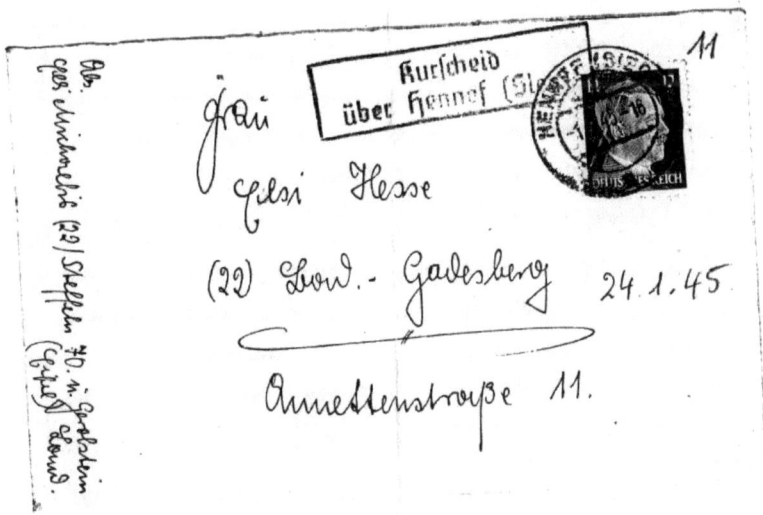

Dieser Brief ist ein wichtiges Dokument über den Krieg in der Eifel!

Steffeln, 24. 1. 45.

Liebe Frau Hesse.
Da die Gelegenheit sich bietet will ich Ihnen
schnell einen Gruß senden. Da wir lange nicht
mehr von Ihnen gehört haben hoffen wir
doch daß Sie noch gesund sind! Aber liebe
Frau Hesse, wie es uns ergangen ist die
letzten Wochen, kann ich bald nicht sagen.
Wir waren Anfang Januar von unserer
Flüchtlingsreise zurück gekommen, kaum
waren wir zu Hause, da kam ein
Angriff nach dem andern. Von unserm
Herrn sieht man nichts mehr, eines meine
Schwägerin aus dem Hotel sitzt ohne Herrn
da. Man kann sagen von Hallschlag
sieht man nichts mehr, vom Erdboden
verschwunden. Nun sind wir wieder in
Steffeln auf 3 Zimmer hausen wir jetzt
mit der Schwägerin und Ihrer Schwester
zusammen. Wenn mal wieder andere
Zeiten sind wenn mal wieder Ruhe ist
mit den Fliegern, dann komme ich mal

nach Gaulsberg. Ich habe ja ames hier
nicht mehr zu versäumen. Unser lieber
Onkel Klos hat ames das Schicksal getroffen, er liegt noch unter den Trümmern.
Unser Vieh ist ames alle kaputt, außer
2 Stück. Ja ja liebe Frau Hesse, wir
sind arme Leute, die Zeiten ändern sich.
Hoffentlich geht es Ihnen noch recht gut,
daß Sie Ihr schönes Heim, sowie die lieben
Mädels und Herr Hesse, noch haben.
Von unserm Konrad haben wir seit
dem 20. Nov. nichts mehr gehört, hoffend
das lebt er noch. Die Sorgen werden nur
immer größer. Ich würde mich freuen wenn
ich nochmal bei Ihnen sein könnte,
und mich mal aussprechen könnte, aber
ich glaube nicht mehr an ein Wiedersehen.
Liebe Frau Hesse nun will ich mein Schreiben
beenden, denn von hier aus kommen Soldate
nach Kemnogen die nehmen den Brief mit
sonst geht hier keine Post weg.
Grüßen Sie mir bitte Tinchen und Anita.
Es grüßt Sie nochmal Ihre Elsi
sowie Eltern, Maria + Schwig
Leibi.

Leserzuschrift an die „Frankenpost" 2003

Zum drohenden Krieg im Irak erhielten wir folgende Zuschrift von Frau Christa Siegling:

„Möchte mein Nein herausschreien!

„Druck auf den Kriegsgegner" und „Es droht tausendfacher Tod" - dies sind Schlagzeilen, die mich veranlassen, auch meine Stimme gegen den Krieg laut zu erheben.

Gerade wir Deutsche müssen uns erinnern, was Krieg bedeutet. Viele von denen, die den letzten miterlebt haben, leben noch und sollten überall erzählen, wie das war, um denen den Mund zu stopfen, die unbegreiflicherweise Mr. Bush bei seiner Kriegs-Gigantomanie moralisch unterstützen!

Ich selber bin Jahrgang 1926 und lebte damals im Rheinland. Seit einigen Tagen sitze ich über Hunderten von Briefen aus den Jahren 1940 bis 1945, die meine Mutter (gestorben 1954) seinerzeit mit meinem Bruder (gefallen 1943), mit meinem Vater (gefallen 1945) und mit Freunden und Verwandten gewechselt und sorgfältig aufgehoben hat.

Es gibt 15 Todesanzeigen (Tenor: „Gefallen für Führer und Vaterland") von jungen Männern, die uns nahegestanden haben. Drei Flieger sind bis heute vermisst.

Erschütternd sind die Briefe der Mütter/Eltern, die sich gegenseitig zu trösten versuchten und Mut zum Weitermachen zusprachen. Zu diesem persönlichen Leid kam die „Drohkulisse" des Bombenterrors, allnächtliche Alarme, die wachsende Zerstörung unserer Städte.

Ich musste 1944 in den Arbeitsdienst (in Westpreußen), anschließend als Soldatin zur Flak (Scheinwerferführerin) im Raum Hamburg... Dieser ganze Horror sitzt mir bis heute in den Knochen.

Darum muss ich mein Nein zu einem neuen fürchterlichen Krieg herausschreien. Er würde uns allen in irgendeiner Form Verderben bringen, umso mehr, da man seine Berechtigung bezweifeln kann. I am not convinced, Mr. Bush!"

11.03.2003

C. Siegling

Wieder eine denkwürdige Stunde
vor meinem Fernseher

Am Abend des 16.06.23 schaue ich mir mit Interesse und Freude – nach dem Zappen – das große jährliche „Liboriusfest" in Paderborn an und staune über den herrlichen Dom aus dem 13. Jahrhundert, der Mittelpunkt der Feierlichkeiten zu Ehren des Heiligen Liborius ist. Tausende froher Katholiken genießen das Fest in Andacht und Lebensfreude.

Eine Weile geht diese Stimmung auf mich über. Aber dann kommt die Wende: Der Film zeigt den Tag 27.03.45, als 72 englische viermotorige Lancasterbomber ihre Last über Paderborn abwerfen und damit 80% der Stadt zerstören, natürlich auch den Dom!

Was macht das mit mir in meinem Fernsehsessel am friedlichen Abend des 16.06.23? Mir stockt der Atem. Ich ringe nach Luft. Da kommt die ganze furchtbare letzte Kriegszeit zu mir zurück, als Deutschland (zu wieviel Prozent?) in Trümmern lag, ja – mit all seiner grausamen Kriegsmaschinerie, aber auch mit seinen unzähligen Zeugen von Kultur, Geschichte, Tradition…

Eben noch die Herrlichkeit des Doms zu Paderborn (wohin ich nie eine Beziehung hatte) und nun dieses furchtbare Ende, ganz realistisch und plastisch innerhalb von einer halben Stunde!

Doch dann kommt der Wiederaufbau, nicht alles war **unwiderruflich** zerstört! Und der Wille unserer Menschen, ihre Kraft, die Hilfe aus Amerika, die Flüchtlinge aus dem Osten, die Gastarbeiter... 1954 die Auferstehung, das Wunder: der Dom ist in voller Schönheit wieder erstanden, die Trümmer wurden beseitigt, nicht nur in Paderborn...

So dass man heute und seit langem in Wohlstand und Freiheit das „neue" Deutschland anerkennen und genießen sollte. Doch einfach wegstecken darf man das Grauen von damals nicht!

Dafür plädiere ich – als Zeitzeugin, die Weltuntergang und Auferstehung erlebt hat.

Dürener Nachrichten vom 19.11.2022

DÜREN Innerhalb von 21 Minuten haben 474 Flugzeuge am 16. November 1944 aus Düren eine Steinwüste gemacht. Es erfolgte der Abwurf von 95 Zielmarkierern, 5477 Sprengbomben und 148 980 Brandbomben. Wahrscheinlich gab es 3126 Tote. Fakten über die Bombardierung Dürens im Zweiten Weltkrieg, vorgetragen von Klaus Kenke in der Christuskirche. „Verleih uns Frieden" hieß die Veranstaltung in der Christuskirche, die der evangelische Pfarrer im Ruhestand mit der Aufzählung nüchterner Zahlen begann.

Unerträgliche Tatsachen, die auch bei mir als Nicht-Dürenerin, aber Kriegsteilnehmerin, immer wieder tiefste Betroffenheit auslösen.

Nie wieder Krieg!

Vaterlandsgefühle

Der gute Kamerad

Ich hatt' einen Kameraden,
einen bessern findst Du nicht.
Die Trommel schlug zum Streite,
er ging an meiner Seite
im gleichen Schritt und Tritt.

Eine Kugel kam geflogen,
gilt sie mir oder gilt sie dir?
Ihn hat sie weggerissen,
er liegt zu meinen Füßen,
als wär's ein Stück von mir.

Will mir die Hand noch reichen,
derweil ich eben lad,
kann Dir die Hand nicht geben,
bleib Du im ew'gen Leben
mein guter Kamerad.

Ludwig Uhland (1787 – 1862)

Wer kennt noch diese bewegenden Worte und die Melodie?

Nachtgedanken! Im Oktober 2022

Um 24.00 Uhr: Ich sitze im Nachtgewand auf dem Bettrand, habe die Ohrstöpsel vom kleinen Radio eingesteckt und höre – bei DLF! – unsere Nationalhymne, diese wunderbare orchestrale Ur-Version von Joseph Haydn. Die Musik dringt in ihrer großen Harmonie und Schönheit tief in mich ein, und ich singe intuitiv die alten Worte mit „Deutschland, Deutschland über alles, über alles in der Welt…"

Ja, dieses „verehrte" Deutschland, irgendwo bist Du ja noch da? Mit aller Kultur und herrlicher Natur? Aber wie hast Du Dich verändert! Und wohin treibst Du? In ein rein ökonomisch-digital aufgestelltes Land, das langsam, langsam unregierbar zu werden droht? Voller äußerer und innerer Gefahren?

Ich will und kann meine damalige „gläubige" Zeit nicht vergessen, als ich dieses Lied aus vollem Herzen mit allen anderen mitsang, dabei die Fahne grüßend! Es war ja Krieg und mein Bruder und alle meine Freunde waren bereit, für dieses Land zu sterben, wie sollten wir da nicht an unser Deutschland glauben?

Dass alles verlorenging und finstere Mächte am Werk waren, erfüllte uns Überlebende später mit Trauer und Entsetzen.

Rückblickend (85 Jahre lang) gehört auch das Erleben eines Vaterlandgefühls zu meinen kostbaren Erinnerungen. Aber geprägt hat es mich nicht. Ich war 18 Jahre alt (Ende 1926 geboren!) als aller Nationalstolz zusammenbrach und ich mein Leben ohne Vater, Bruder oder Freund – aber mit sehr guter Schulbildung und Abi in der Tasche irgendwie aufbauen musste. Das gelang mir umso besser, als ich später durch die erlernten Fremdsprachen (Englisch und Französisch) sieben Jahre in fremden Ländern als Sekretärin arbeitend verbrachte.
Dadurch wurde ich zur 100%igen Europäerin, mit der großen Hoffnung, dass dieser einmalige Völkerzusammenschluss die Kraft behält, sich gegenüber den übermächtigen, autoritären („finsteren") Mächten weiterhin zu behaupten.

Ich möchte noch etwas über meine Zeit als „Arbeitsdienst-Maid" zu Papier bringen

Vierzehn Tage nach Abschluss von acht Jahren sehr erfolgreicher Schulzeit (trotz Hitler!), mit Abi in der Tasche, wurde ich zum Arbeitsdienst nach „Kreuz an der Ostbahn" über Landsberg/Warthe, für mich am Ende der Welt, abkommandiert. Ich war damals gerade 18 geworden.

Ohne „ein Jahr fürs Vaterland" – noch herrschte ja Krieg – hätte man nicht studieren können.

Aber meine Eltern hielten dies auch für nützlich und vorteilhaft für meine Entwicklung! Ich war ja gesund und neugierig auf das Leben.

„Kreuz" war eine uninteressante Stadt, aber ein Zentralpunkt der Eisenbahn für alle Züge gen Osten, also auch für alle die Frontsoldaten…

Das „Lager" war ein stabiles Haus plus Hof. Wir schliefen in einem großen Schlafsaal mit nur Hochbetten. Ich hatte eins „oben", die Matratzen waren mit Stroh gefüllt. Man schlief gut darauf. Wir wurden „eingekleidet", erhielten total neue Kleidung, auch Unterwäsche, eine bräunliche Uniform, Rock, Jacke und weiße Bluse, plus Hut zum Ausgehen, und immer die Brosche.

Schlafen, Essen, Dienstkleidung und für die Tagesarbeit ein hübsches blaues Waschkleid mit rotem Kopftuch, das alles war „anders", aber erträglich, und wir dachten weniger darüber nach, es gab strengen Dienst ab 6 Uhr morgens. Waschen in einer großen Blechschüssel, die immer beim wöchentlichen Appell (samstags) blitzblank gescheuert sein musste!

Ich erinnere mich vor allem und sehr gerne an die Singstunde jeden Morgen, in der wir von einer feinsinnigen Führerin fast täglich ein neues Lied lernten, und zwar weniger sog. „Hitlerlieder", sondern altes, schönes Liedgut, wie z. B.:

„Komm, lieber Mai, und mache
die Bäume wieder grün!
Und lass uns an dem Bache
die kleinen Veilchen blühn ..."

oder

„Bei einem Wirte wundermild
da war ich jüngst zu Gaste,
ein goldner Apfel war sein Schild
an einem langen Aste ..."

Bis heute sind diese Lieder in mir lebendig und erfreuen und stärken mich.

Leider gibt es niemand, mit dem ich darüber sprechen – oder gar singen – könnte.

Abgesehen vom „Innendienst", bei dem wir über Haushaltsdinge wie Putzen und Kochen, natürlich auch über Hitlers Leben und Wirken zu hören bekamen, ist für mich die wichtigste positive Erinnerung, dass wir zum „Außendienst" geschickt wurden.

Ich war in dem halben Jahr Arbeitsdienst dreimal à vier Wochen „im Einsatz". Zweimal bei Bauern, einem kleineren und einem großen, und einmal im Ort bei Familie Mielke, der Vater war bei der Post Briefträger, die Mutter versorgte in einem kleinen Haus neun Kinder!

Meine Aufregung vor dieser Aufgabe war überflüssig. Ich wurde freundlich und erwartungsvoll aufgenommen und lebte mich schnell in dieser total neuen Situation ein, wurde zu einer echten Entlastung der gestressten Frau. Übrigens war Adolf Hitler der Pate des jüngsten, neunten Kindes!

Bei den Bauern war ich ständig an der frischen Luft, draußen mit auf dem Feld, beim Garbenbinden und Aufstellen, später beim Stemmen der Strohballen auf die Tenne; das Essen bestand beim kleinen Bauern aus Kirsch-Suppe und Kartoffelbrei mit Specksoße (unvergesslich). Der Zwangsarbeiter aus Polen saß mit am Tisch, er gehörte dazu.

Beim großen Bauern half ich nur im Haus und Garten, er hieß Dräger. Einmal „musste" ich Erdbeeren pflücken, leider in der Nähe von Bienenstöcken, so dass das Pech es wollte, dass mich eine Biene im Gesicht unterm Auge stach!

Die Schwellung war unaufhaltsam, dauerte Tage im Lager an, sehr betreut von allen, insbesondere, da ich in wenigen Tagen einen Sonderurlaub antreten sollte, um meinen Vater in Saalfeld/Thüringen zu treffen, wo er, aus Frankreich kommend, an einem militärischen Symposion über mehrere Tage teilnehmen musste. Mit noch schiefem Gesicht trat ich den Sonderurlaub an und wir hatten ein paar sehr schöne Tage miteinander. Ich brauchte meinen blöden Hut nicht zu tragen, aß riesige

Mengen von Erdbeeren und besuchte u. a. dort eine berühmte unterirdische Grotte (Tropfsteinhöhle).

Kurz: Ich wurde sehr von meinem Vater verwöhnt, der stolz auf seine „tüchtige" Tochter war. Dass ich ihn dort zum letzten Mal gesehen und erlebt habe, ahnte ich nicht. Er ist am 21. März 1945 noch gefallen.

Mein Arbeitsdienst endete im Herbst 1944. Man wurde nach einem halben Jahr gefragt, ob man:

a) beim Reichsarbeitsdienst (RAD) bleiben

b) in einer Fabrik arbeiten oder

c) zum Militär (FLAK = Flieger-Abwehr-Kanonen) abkommandiert werden wollte.

Ich entschied mich für c), da ich da wohl am meisten an der frischen Luft sein würde... Doch das ist ein anderes Kapitel!

Zu erwähnen an dem Reichsarbeitsdienst in Kreuz wäre noch, dass ich zweimal dort Besuch erhielt, einmal von Leutnant Helmut Herrmann, einem freundlichen Verehrer, der plötzlich bei unserem langen Spaziergang zum Abschied eine Flasche Sekt aus dem Ärmel zog, was mich später bei der Rückmeldung veranlasst hatte, vorher Salmiakpastillen zu lutschen – und alsbald auf meinem Strohsack einzuschlafen. H. H. ist kurz darauf gefallen.

Im Sommer 1944 machte mein guter Freund Jürgen einen Blitzbesuch im Lager, um herauszufinden, ob die Christa (s)eine Frau für's Leben sein könnte...

Unser kurzes Beisammensein veranlasste ihn, zwei goldene Ringe zu kaufen und bei seiner Mutter zu deponieren (wovon ich jedoch nichts wusste). Wir trennten uns nach einem langen Spaziergang und wollten uns zu Weihnachten in Godesberg wieder treffen.
Daraus wurde nichts, denn er ist am 20.12.1944 als Nachtjagdflieger abgeschossen worden... Was ich am 22.12.1944 im Zug nach Godesberg erfuhr. Seine Mutter übergab mir die zwei goldenen Ringe, die ich zu einem Karneolring verarbeiten ließ, den ich bis an mein Lebensende tragen werde.

Schöner, zeitgemäßer Text
der Europahymne

*Freu dich über jede Stunde, die du lebst auf dieser
Welt.
Freu dich, dass die Sonne aufgeht, und auch, dass der
Regen fällt.
Du kannst atmen, du kannst fühlen, kannst auf neuen
Wegen gehn.
Freu dich, dass dich and're brauchen und dir in die
Augen sehn.*

*Freue dich an jedem Morgen, dass ein neuer Tag
beginnt.
Freu dich an dem Sternenhimmel und am kalten
Winterwind.
Du kannst hoffen, du kannst kämpfen, kannst dem
Bösen widerstehn.
Freu dich, dass die dunklen Wolken irgendwann
vorübergehn.*

*Freue dich an jedem Abend, dass du ein zu Hause hast.
Freu dich an den stillen Stunden und vergiss die laute
Hast.
Du kannst lieben, du kannst träumen, jemand kann dich
gut verstehn.
Freu dich über jede Stunde, denn das Leben ist so
schön.*

(Verfasser unbekannt)

Philosophie

Wieder kein Morgen wie an jedem Tag!

Am 13.02.2023 bin ich früh wach und beobachte vom Bett aus eine dicke Krähe hoch oben im blätterlosen Baum hinten an der Elle. Zufällig sehe ich „von links" – für mich Osten – die feine Sichel des abnehmenden Mondes am blassblauen Himmel.
Und ich erkenne gegen 8.00 Uhr, dass diese Mondsichel ein gutes Stück „nach rechts" gewandert ist und jetzt über dem Krähenbaum steht (von dem plötzlich **zwei** Krähen auffliegen!!).

Der Mond wandert: ja. Die Erde dreht sich: ja, ok. Aber wie hängt das alles zusammen?
Ich habe keine Ahnung und schäme mich meiner Unwissenheit über diese sich tags und nachts vollziehenden, uns begleitenden Abläufe am Himmel!

Aber nun ist meine Neugier geweckt! Wo finde ich zumindest ein **Grundwissen** über Sonne, Mond und Sterne, ohne Handy, ohne Internet, ohne Wikipedia?
In meinem feinen Lexikon aus der Schweiz vom Jahr 1949! Da steht:

Der Mond umrundet die Erde in einem Monat, ohne sich selbst zu drehen, wendet uns daher immer dieselbe Seite zu.

Die Erde dreht sich um sich selbst, rotiert innerhalb von 24 Stunden, Durchmesser 6.378,4 km.
Sie ist eine der acht Planeten (Merkur, Venus, Erde, Mars, Jupiter, Saturn, Uranus, Neptun (Pluto wurde zum

Zwergplaneten degradiert), die sich um die Sonne drehen, dafür braucht sie 365 Tage.

Die Sonne, Durchmesser 695.400 km, ist 149.480.000 (hundertneunundvierzig Millionen, vierhundertachtzigtausend) km von der Erde entfernt, ein Lichtstrahl von ihr zur Erde braucht 8,18 Minuten (ein Flugzeug mit 500 km/Std. würde 34 Jahre benötigen ...).

Das Sonnensystem ist ca. 4,5 Milliarden Jahre alt!

Der Urknall (?) soll sich vor ca. 13,7 Milliarden Jahren ereignet haben.

Danke, mir reicht's, aber nett, mal zu wissen!

Da ist also ständig kosmische Bewegung um uns herum, doch wir denken darüber kaum nach! Sind gewohnt an Tag und Nacht, an unsere Einteilung in 12 Monate, an die vier Jahreszeiten, diese herrlichen gesunden Wechsel in einem angepassten Klima hier in Europa! Ideal für unsere wichtige (?) notwendige (?) Existenz?!

Verglichen mit anderen Planeten leben wir in fast paradiesischen Verhältnissen - „prima Klima" schreibt Prof. H. Lesch in seinem Buch „Sternstunden der Menschheit" - faszinierend allein durch die Zahlen die er nennt.

Worauf ich hinaus will ist jedoch, dass wir diese unsere Umwelt etwas mehr, und dankbarer wahrnehmen und erkennen, welch' **winzige** Rolle wir in dem schier unendlichen Universum spielen...

Angesichts all dieser wissenschaftlich belegten, überwältigenden Erkenntnisse sollten wir öfter mal still werden und unsere (berechtigten) irdischen Probleme in einem anderen Licht sehen:

Vielleicht: „Nimm dich weniger wichtig, sei froh und dankbar – demütig –, überhaupt auf **dieser** Erde leben zu dürfen! Nimm daher auch unser Ende, ein Vergehen, Verglühen, den Tod, als normal und unausweichlich an!

Das bringt mich dazu, etwas über **Asteroide*** zu sagen. Da war am 28.01.2023 eine Notiz in unserer Dürener Zeitung wie folgt: „Asteroid so groß wie ein LKW zog am 27.01.2023 an der Erde in 3.600 km Entfernung (am südlichsten Punkt von Südamerika) vorbei. Dieser kleine Asteroid wäre auf seinem Weg durch die Atmosphäre** aber weitgehend verglüht".
Zum Glück!

Denn es gibt (lt. Lesch S. 40) ein bis zwei Millionen Asteroiden größer als 1 km Durchmesser", Ceres ist mit rund 950 km der größte Brocken" - Oh Gott. Was, wenn einer von denen mal „aus der Bahn" gerät und auf unsere Erde stürzt?
Aber die NASA (Weltraumbehörde der USA) entwickelt z. Zt. Sonden für die Abwehr von Asteroiden, die sich auf Kollisionskurs mit unserer Erde befinden!!!"
Gott sei Dank! (Nicht lachen! Die Sache ist zu ernst.)

*felsartige Körper mit viel Eisen (Lesch, S. 40)
** Lufthülle der Erde, Gasgemisch

Mögen meine Zeilen dazu anregen, sich am Erhalt unserer einmaligen Erde – auf dem Mars liegt die mittlere Temperatur bei minus 55 Grad Celsius, auf dem Merkur herrschen 450 Grad Hitze - lebhaft und aus Überzeugung zu beteiligen, z. B.:

für Tempo 130 zu plädieren,
für Schiene statt Autobahnen,
Wasser und Strom zu sparen,
weniger Fleisch zu essen … etc. etc.

Aus dem Buch von Professor Lesch kann man noch ungeahnte Fakten und Zahlen über unser Weltall erfahren und sollte staunen über die riesigen Fortschritte, die die Naturwissenschaften, insbesondere die Astronomie, bis heute gemacht haben. Es grenzt an Zauberei!

Und schon Goethe (1749 – 1832) sagte:
Man kann die Erfahrung nicht früh genug machen, wie entbehrlich man in der Welt ist.

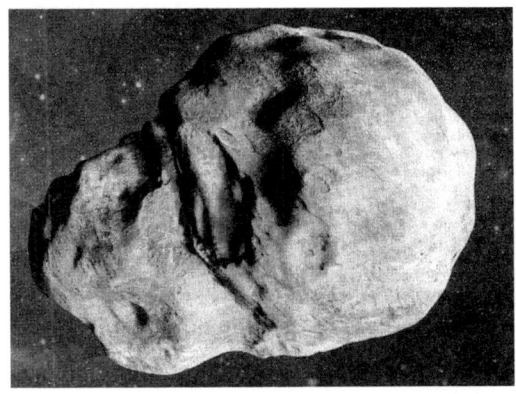

…ein Asteroid

Kluge Leute – kluge Sprüche...

Wagen wir, die Dinge zu sehen, wie sie sind
(Albert Schweitzer)

Glück entsteht oft durch
Aufmerksamkeit in kleinen Dingen
(W. Busch)

Geniale Menschen sind selten ordentlich,
Ordentliche selten genial.
(Albert Einstein)

Wer keine Angst hat, hat keine Fantasie.

Glaube ist eine lebendige,
bewegende Zuversicht auf Gottes Gnade.
(Martin Luther)

Mitleid ist die Grundlage der Moral.
(Arthur Schopenhauer)

Die schlimmste Antwort - ist keine Antwort!

Voltaire über sich selbst:

Heute behaupte ich etwas,
morgen zweifle ich dran,
übermorgen leugne ich es,
und jeden Tag kann ich mich irren.

Sonntag, 25.06.2023 - wie üblich, nix los!

Doch, Fernsehen! Es ist nicht zu fassen, wieviel **Freude und Glück** ich oft noch durch unsere deutschen Fernsehsender – Phoenix, 3sat, Arte, erlebe, und was ich alles dazulerne!

Immer lande ich nur durch Zappen **zufällig** da, wo es mir Spaß macht oder mich interessiert, meistens bei Natur- und Tierfilmen.
Zum Teufel mit den musikalischen Massenspektakeln oder noch schlimmer: Krimis, abends zu 80% auf allen Kanälen! Prächtiges Anschauungsmaterial für empfängliche Gemüter besonders junger Menschen.

Also, am Sonntagabend bleibe ich bei 3sat hängen, ein Film über die **Nilkrokodile**! Schon mal vor langer Zeit gesehen, aber atemberaubend wieder zu genießen: Wie die zärtliche Zuneigung bei diesen Ungeheuern wächst und sie anschließend diskret im Wasser verschwinden.
Später das Muttertier an Land die Eier tief im Sand verbuddelnd, die Hitze wird sie ausbrüten; als es soweit ist, hilft sie den Winzlingen mit ihren furchtbaren Zähnen die Eierschalen vorsichtig aufzubrechen. Wenn alle geschlüpft sind, trägt sie sie in dem riesigen Maul behutsam zum rettenden Meer. Dort schwimmen sie fröhlich herum, wenn sie nicht vorher von lauernden Feinden gefressen werden.

Ist es nicht ein Wunder, wie man heutzutage solch phantastische Tieraufnahmen ins Haus geliefert bekommt, für die Forscher, Kameraleute und Amateure Stunden, Tage und Wochen (Jahre) auf der Lauer gelegen haben? Allerdings ausgerüstet mit der neuesten und besten Technik, damit wir – ich uralte Frau – sie uns vom Sofa aus betrachten können?!

Wir nehmen das alles bereits seit langem als selbstverständlich hin, eine Sendung nach der anderen, ohne Zwischenpause, so dass die einmaligen Bilder der Nilkrokodile schnell überdeckt werden von Kochkünsten, Hardrock oder Politik!

Was macht das mit uns? Oberflächlichkeit? Kaum noch eigene Ideen, Phantasie? Schlechter schlafen?
Ein Übermaß an Info = schlechte Laune?

Ich frage mich, und möchte hiermit endlich meinen Dank abstatten an alle die Tierforscher (Tierfreunde) und Kameraleute, die Fotografen und Techniker, die uns diese **wertvollen** Erlebnisse zu Hause ermöglichen.

Dies ist für mich immer ein Geschenk!

Heute ist Karfreitag, 07.04.2023

Unser (evangelischer) höchster Feiertag, wir gedenken des Foltertodes von Jesus Christus.

Vor mir liegt Heft Nr. 1, März 2023, „Der Tropfen" vom Tierschutzverein **„Pro Animale für Tiere in Not".** Ich blättere zaghaft darin, weil die Herausgeberinnen, Johanna und Natascha Wodtke, uns, den Lesern und PA-Fans, „einige schwer zu ertragende Wahrheiten (über Tierquälerei) zumuten" … Ja, das passt zum Karfreitag! Ich kann nicht anders, mir kommen die Tränen! Einer sehr alten Frau (96), der u. a. sechs Kriegsjahre und schwere menschliche Verluste zugemutet wurden und deren Leben danach kein „Ponyhof" war, so dass sie verlernt hat, zu weinen.

Mir kommen und bleiben die Tränen bei den Fotos, die ich mir aber genau – und tapfer – ansehe, dabei der Menschen gedenkend, die hinter diesem Elend stehen und Profit daraus ziehen, aber auch jener Einzelnen, die ein Herz aus Stein haben und ihre Tiere als „Nutztiere" widernatürlich behandeln und einem viel zu frühen Tod zuführen.

Da ist es wieder, mein Unverständnis, meine Verzweiflung, meine Wut über den unaufhaltsamen Abwärtstrend unserer Gesellschaft, ja, der ganzen Welt! Sind wir schon so weit, dass das Negative das Positive überstimmt? Ist nicht ein Weltbrand programmiert?

Was tun wir, um in der Jugend wieder mehr Empathie, Mitgefühl aufzubauen? In den Medien Krimis und Pornos ohne Ende, leichter Zugang für Kinder, statt **Natur** – Tiere, Wald und Feld, unser Kosmos mit seinen Gesetzen – nur noch digitale Akrobatik, weder Lesen noch Schreiben, zu wenig Bewegung an der frischen Luft, falsches Essen ...

Ob das alles noch aufgefangen werden kann?

Ein Lichtblick in diesem Chaos sind die zwei Frauen Johanna und Natascha Wodtke, die sich unablässig seit Jahrzehnten für die Hilfe und das Wohl von geschundenen Tieren **europaweit** einsetzen und ein riesiges, naturnahes Hilfswerk in Gang gebracht haben.

„Heute sorgen wir täglich vollverantwortlich für über 3600 Schützlinge ...“

Unglaublich!!

Auch ihnen will ich hiermit ein Denkmal setzen und vielleicht den einen oder anderen Leser dazu bringen, sich „Pro Animale“ einmal herunterzuladen, um diese großartige und einmalige, konsequent durchorganisierte Tierhilfseinrichtung, die in NRW nur wenig bekannt ist, kennenzulernen und evtl. **von dort** einem gesunden, zutraulichem Haustier ein gutes Zuhause zu geben!

Wie würde mich ein solcher Erfolg meines Hinweises zutiefst erfreuen!

Tier-Drama

…es drängt mich, durch Schreiben ein Tier-Drama loszuwerden, das ich vor einigen Tagen im Fernsehen gesehen habe:

Eine Kuh (ein Rind) hatte einen großen Fluss durchquert und landete erschöpft aber gerettet am Strand, irgendwo in Afrika oder Asien? Man sah, dass es eine blutende Wunde am Hinterteil hatte, wahrscheinlich von einem Krokodil gebissen.

Zwei Wölfe hatten dies beobachtet und strichen aufmerksam, sicher hungrig, um das kranke Tier herum, noch zögernd, irgendwo zuzubeißen.

Das Tier, die Kuh, bemerkte die Wölfe. Es drehte den Kopf in ihre Richtung, darauf wartend, wann sie angegriffen würde. Im Blick war Entsetzen, Angst, Ergebenheit in die bevorstehenden Qualen…

Schnell schaltete ich ab, aber bis heute sehe ich die entsetzliche Szene vor mir und versuche, damit fertig zu werden.

Derlei Grausames spielt sich unablässig in der Tierwelt ab.

Fortpflanzung, Fressen und Gefressen werden! Wenige sorglose Momente dazwischen.

Warum ist das so und nicht anders?

Wer hat das alles bestimmt?

Rätselhafter Kosmos? Nein, Naturgesetze!

Erlebnis auf dem Balkon
am 28.02.2023 nachmittags

Ich sitze, warm eingepackt, auf meinem Balkon und genieße die warme Sonne, den blauen Himmel mit seinen herrlichen weißen Wolkenpaketen, lese die Zeitung.

Da setzt sich ein Mini-Mini-Tierchen auf das Papier. Ich fasse es nicht, es ist so winzig (1,5 mm), hat aber komplett Kopf, Brust, Hinterleib und sechs Beinchen, keine Flügel, schillert grünlich. Ich kann es nicht einordnen.

Ich will jetzt nur mal dieses Mini-Wesen beobachten und ihm eine kurze, sorglose Lebenszeit in unserer gemeinsamen Sonne erhalten. Ich bringe es dazu, vom Papier auf meine linke Hand zu krabbeln, genieße „unsere Zweisamkeit" – so blöd sich das anhört...

Es springt plötzlich – da es nicht fliegen kann – auf mein Knie, untersucht eine Weile den warmen Stoff.

Dann springt es sicher – und gewandt – ins Nichts, landet auf dem grünen Gras-Teppichboden meines Balkons.

So endet das kurze Idyll mit dem Mini-Geschöpf. Ich hoffe, nicht versehentlich darauf zu treten.

Aber diese „Begegnung" bringt mich wieder zum Philosophieren:

Neulich war es der Makro-Kosmos mit Erde, Sonne und Mond, heute ist es der Mikro-Kosmos...

Aber beides bewegt sich und lebt, und wir können, dürfen, sollen ab und zu darüber nachdenken, in welcher funktionierenden Gesetzmäßigkeit wir alle doch leben.

Gedankensplitter (07.06.2023)

Ich war nicht nur in UK (1954) und USA (1965), sondern auch zwei Jahre in Nordafrika (Libyen) und drei Jahre in Süd-Ost-Asien (Singapur).

Aber danach fragt mich niemand. Es interessiert einfach auch die mich heute umgebenden, sehr wertvollen, guten und geistig regen Menschen, nicht.

Warum fragen die Leute heute ganz allgemein zu wenig oder gar nicht?

Sie sind sich dessen auch nicht bewusst, sondern sind erstaunt, wenn man (wie ich!) sie darauf hinweist.

Ist da gar keine Neugier, Wissbegier mehr?

Wenn man in (m)ein Zimmer kommt, wieder und wieder, in dem viele sehr unterschiedliche Bilder an der Wand hängen, wo eine Glasvitrine keine Sammeltassen, sondern exotische Schätze zum Schauen und Fragen anbietet, wo der Ausblick über eine blühende Fensterbank auf eine schöne, weite, grüne Landschaft, nicht eines anerkennenden Ausrufs wert wäre?

Nein, alle bleiben stumm!

Nehmen sie diese harmonische kleine Welt überhaupt zur Kenntnis?

Nein, unsere Gespräche drehen sich um Akutes, wofür ich jedoch, alt, alleinstehend und altmodisch, sehr dankbar sein muss – und auch bin.

Ist es immer Zeitdruck oder sind sie so gesättigt von ihrem heutigen Leben, dass kein Wunsch aufkommt, am Rande Liegendes zu erfahren? Interessantes?

„Mein kleiner Radius genügt mir, ich bin ausgelastet mit dem, was für mich wichtig ist und mir Spaß macht!
*Nein danke, keine Belastung mit **Früher** und exotischem Kram.*
Und man will ja selber die ferne Welt erkunden, hat es schon getan! Auch erfährt man alles darüber abends vom Sofa aus, per TV, Internet oder Radio. Dazu braucht man keine Freunde mehr! Und es gibt auch keinen Zeitverlust!"

Schade, oder?
Ja, das sind alte Werte. Ich muss und will das nicht mehr verstehen mit meinen 95 Jahren, aber schreibe es in mein Buch!
Wo bleibt Vielseitigkeit und allgemeine Bildung im alten Sinn? Erdkunde, Geschichte, Kunst, Natur und Musik sind leere Begriffe.
Liegt nicht das Glück vor allem in kleinen Dingen, die nichts kosten? Blumen am Rand, (jetzt weiße Rosen in Düren), noch immer Vogelgesang, wunderbare Wolken am Himmel? Auch heute noch! Oder nur noch bei Smartphone und Internet?
Könnte man nicht beides ganz bewusst in sich fördern?
Aber dazu gehört eben auch ein anregendes, sich kümmerndes Elternhaus... Geld wäre zweitrangig!

Nochmal kluge Sprüche...

Freundschaft hat das Recht, anderen zu sagen,
was sie nicht hören wollen!

(George Orwell)

Komm an meine Brust, wein dich aus,
und wenn du fertig bist, tauschen wir die Plätze.

Stell dir vor, es ist Krieg,
und keiner geht hin.

(Carl Sandburg)

Wer nichts Böses tut,
hat damit noch nichts Gutes getan.

(Karl Heinrich Waggerl)

Der Hauptgrund für Stress ist der tägliche Kontakt
mit Idioten.

(Albert Einstein)

Ich kann, weil will, was ich muss.

(Immanuel Kant)

Lebe, als würdest Du morgen sterben.
Lerne, als würdest Du ewig leben.

(Mahatma Gandhi)

Brief an die neugeborene Tochter

eines netten Kollegen, dessen Frau gerade das erste
Kind bekommen hatte, Tochter Christine (1985)

Liebe Anne Christine (oder Kristine?)!

Es hat sich hier bei der Deutschen Forschungsgemeinschaft herumgesprochen, dass Du vor einigen Tagen in
Köln bei L's - pünktlich und gesund - zur Welt gekommen bist. Unsere Freude darüber ist groß. Ich begrüße
Dich ganz herzlich und hoffe, dass Du alles bestens
vorbereitet für Dich findest, dass Du alles zu Deiner
Verfügung hast, was Du brauchst, kurz, dass es Dir an
nichts mangelt. Dennoch ist es gut und vorteilhaft, dass
Du bereits von Dir aus acht Pfund auf die Waage
gebracht hast, es zeugt von „gesundem Menschenverstand", schon im Mutterleib, einer Art kluger
Vorsorge – denn wer weiß, ob die irdischen
Gegebenheiten so ganz Deinen Wünschen entsprechen;
da ist es besser, man bringt ein paar Gramm mehr mit
in den „Kampf ums Dasein", auf den Du Dich nun
eingelassen hast.

Hoffentlich hat nur Deine Mama mit Deinem Gewicht
keine Scherereien und Schmerzen gehabt, das täte mir
sehr leid.

Übrigens, auch ich hatte die kluge Idee mit den acht
Pfund! Und meine arme Mutter hat sich mit mir sehr
plagen müssen. Aber dafür hat sich dann aus mir eine

„große, starke Person" entwickelt, mit 179 cm barfuß (ich höre, wie Dein Vater aufstöhnt bei der Aussicht, aber das nützt ihm nichts, er muss den Möglichkeiten ins Auge sehen, bereits jetzt!).

Ich vermute, dass Deine Augen hell sind, zumindest hell werden. Das habe ich gern. Wenn man tief hineinschaut, tauchen Fragen auf: Wo kommst Du her? Wo gehst Du hin? Wirst Du lange auf dieser Erde bleiben? Was wird Dir wichtig werden in Deinem Leben? Essen und Trinken? Geld? Oder Geist? Wirst Du es leicht haben? Wirst Du anderen zur Freude da sein? Hast Du Dir die L's als Bleibe ausgesucht, weil sie mit Musik leben? Ist Musik in Dir? Wer weiß!

Alle Antworten sind bereits tief in Dir beschlossen, alle Anlagen und Tendenzen sind verknüpft, vernetzt in Deinen Zellen… Ein jeder Tag wird nun die Rätsel enthüllen, die Dich als Neugeborenes umgaben! Wie spannend für Deine Umgebung, zunächst Vater und Mutter, dann die Großeltern, Tanten und Onkel – Du hast ja wohl eine ganze Menge von Verwandten. Alle werden Dich beobachten und immer Neues an Dir entdecken. Lasse Dich dadurch nur nicht irritieren, denn sie sind Dir ja alle sehr gewogen. Lebe DEIN Leben, schon jetzt. Vielleicht ist es Dir bereits gelungen, Deine Umgebung zu erziehen? Eilt man bei Deinem geringsten Klagelaut herbei, um Dich zu schaukeln, zu beruhigen, zu füttern? Protestierst Du, wenn man Dich ins Schlafzimmer abschieben will? Es gibt eine Menge kleiner Kniffe, „zum Nabel der Welt" zu werden, um den sich alles dreht …

Möge der liebe Gott Deine Eltern leiten, sich leicht in ihre neue Rolle hineinzufinden und bei Deiner Entwicklung Herz und Verstand gleichermaßen walten zu lassen.

Aber eigentlich habe ich da keine Bedenken, Du hast Dir ein schönes Plätzchen ausgesucht und wirst fröhlich gedeihen. Habe keine Angst vor diesem Leben, sei neugierig darauf! Es bringt Dir tausend schöne Dinge, wenn Du nur Augen hast, sie zu sehen. Werde aufnahmebereit für alles Gute, Wahre, und wachsam gegenüber dem Unguten. Lerne so früh wie möglich, zu unterscheiden, was gut oder ungut ist, Du wirst es immer in Deinem Herzen fühlen. Dann ist schon viel gewonnen, mein kleines Kind. Es wird Dir dann auch nicht schwerfallen, die richtige Entscheidung zu treffen.

Solltest Du einmal traurig, allein und unverstanden sein - was trotz einer riesengroßen Familie vorkommen kann - so gibt es immer Trost bei den anderen Geschöpfen, die Gott uns geschenkt hat, vor allem bei den Tieren, aber auch bei Blumen, Bäumen und Steinen… Und dann gibt es die Bücher, die Kunst, unsere Landschaft, für Dich ganz besonders die Musik, mit der Du aufwachsen darfst. Was für ein Glücksfall. Werde Dir bald bewusst, dass Du eingebettet bist in den riesigen Kosmos, dass Du zu ihm gehörst und nach seinen wunderbaren Gesetzen leben musst, dann kann Dir nichts geschehen. Nur wenn man diese Gesetze missachtet – sei es in moralischer, geistiger oder körperlicher Hinsicht - bringen wir Unheil über uns. Ich bin sicher, dass Du das alles schon bald in Dir spürst, denn Du wolltest bei sensiblen, musischen Eltern geboren werden, die Deine Intuitionen fördern.

Von Ferne werde auch ich mich mit Deinem Ergehen befassen. Irgendwie werden Deine Eltern und ich in Verbindung bleiben, denke ich. Übrigens haben sie Dir einen schönen Namen ausgesucht, mit dem Du gut leben kannst. Auch da haben wir ein paar Buchstaben gemeinsam…

Meine Begrüßung an Dich ist nun zu Ende. Alle meine guten Wünsche begleiten Dich von nun an.

Gott segne Dich.

Chrinta Siegling

Lebensweisheiten

IQ/EQ = Intelligenz und Empathie (Emotion) im ausgewogenen Verhältnis (Balance), darauf läuft alles hinaus.

Diese (ausprobierten) Lebensweisheiten schrieb ich auf, um sie einem jungen Menschen, Lennart, 16 Jahre, für sein großes Abenteuer - ein Jahr in Kanada - mitzugeben.

Christa Siegling in ihrem 93. Lebensjahr (28.08.2020)

1) Schreibe auf, was dir wichtig ist
2) Vergiss nie, danke zu sagen…
3) Lobe Menschen, wenn du bei ihnen etwas siehst, was dir Freude macht. (= keine plumpen Komplimente!)
4) Versuche, zuverlässig und treu zu sein
5) Werde ein offener, freier Mensch dadurch, dass Du so ein glückliches Elternhaus, eine gute Schulbildung, einen guten Charakter mit auf den Weg bekommen hast
6) Sei immer ehrlich und gib Schwächen zu
7) Suche und finde Schönheit wo immer du kannst, freue dich daran
8) Sprich frei und deutlich
9) Habe Selbstvertrauen – siehe 5)
10) Frage viel, sprich andere Menschen an – kein Halbwissen
11) Bitte um Hilfe, wenn du sie brauchst
12) Verlerne nicht zu schreiben – siehe 1)

13) Gehe gegen Trägheit, auch geistig, an
14) Habe Spaß, aber werde nicht oberflächlich
15) Sei natürlich und echt (= glaubwürdig)
16) Achte auf deine Gesundheit
17) Habe Mut, anders zu sein, aber begründet und nicht aufdringlich
18) Versuche, ein guter Mensch zu sein: *Edel sei der Mensch, hilfreich und gut, denn das allein unterscheidet ihn von allen Wesen, die wir kennen!* (Goethe)
19) Suche täglich Stille, finde Zeit zum Nachdenken
20) Vermeide Hektik und Frust
21) Angst ist normal, bekämpfe sie mit deinem Gottvertrauen und deinem Verstand
22) Weinen tut manchmal gut, ist keine Schande (Heimweh z. B.)
23) Hast du Humor?? – Der ist eine sehr wichtige Emotion im (harten) Leben
24) Sich entschuldigen, wenn man einen Fehler gemacht hat
25) Werde nie abgestumpft, lebe mit offenen Augen
26) Versuche höflich, freundlich, liebenswürdig, hilfsbereit zu sein. Nicht stur! (Frisch, fromm, fröhlich, frei! Turnvater Jahn, 1778 – 1852).
27) Sei niemals gleichgültig (das ist schlimmer als Hass!)
28) Sei kein Pfennigfuchser, Geiz ist eine schlimme Todsünde! Auch wenn man wenig hat kann man kleine Überraschungsgeschenke (1,- €!) machen … (ich kann's)
29) Sehr wichtig ist Tierliebe! Tiere sind unschuldige Geschöpfe, die wir nutzen, die aber auch uns zur

Freude geschaffen sind. – Massentierhaltung ist ein Verbrechen

30) Auch Naturliebe muss man in sich haben, sie ist Trost in trüber Zeit (walk, walk, walk)

31) Es genügt nicht, nur zur Familie oder zu Freunden „nett" zu sein, sie zu lieben, spendabel zu sein, auch Fremden gegenüber soll man aufgeschlossen und hilfsbereit sein

32) Thema Vergessen!! Was mich interessiert, vergesse ich nicht

33) Sehr oft Hände waschen

34) Reagiere schnell (sofort), wenn du eine frohe oder traurige Nachricht (Anzeige) oder auch ein Geschenk (Paket) erhältst … Dank aufschieben ist schlecht. (Teurer Rat von meiner Mutter)

Frau Siegling erzählt über den Krieg

Schenken

Schenke groß oder klein,
Aber immer gediegen.
Wenn die Bedachten
Die Gaben wiegen,
Sei dein Gewissen rein.

Schenke herzlich und frei.
Schenke dabei,
Was in dir wohnt
An Meinung, Geschmack und Humor,
So dass die eigene Freude zuvor
Dich reichlich belohnt.

Schenke mit Geist ohne List.
Sei eingedenk,
Dass dein Geschenk
Du selber bist.

(Joachim Ringelnatz)

Letzte kluge Sprüche…

Jeder, der sich die Fähigkeit erhält,
Schönes zu erkennen, wird nie alt werden.
(Franz Kafka)

Glückliche sind neugierig.
(Nietzsche)

Wo ich bin ist Deutschland.
Ich trage die deutsche Kultur in mir.
(Thomas Mann)

Man sollte nie so viel zu tun haben,
dass man zum Nachdenken keine Zeit mehr hat
(Georg Christoph Lichtenberg)

Wem das Wasser bis zum Hals steht,
der sollte den Kopf nicht hängen lassen.
(Lesch)

Gedenke der Quelle, wenn du trinkst.
(aus China)

Wir geben uns zu wenig Rechenschaft darüber,
wie viel Enttäuschung wir anderen bereiten.
(Heinrich Böll)

Glück

Im grünen Gelände von Merzenich
Blick vom Balkon am 03.07.2023

Ich fasse es kaum: draußen sehe ich **erstmals** drei echte, dicke, fröhliche Feldhasen, mit den langen Ohren! Wie sie übermütig auf der großen Wiese herumrennen, zwischendurch von dem reichlich vorhandenem Klee fressend…

Einige Minuten stehe ich mit einem glücklichen Lächeln und Freude in Herz und Seele, genieße dieses unverhoffte Schauspiel vor meinen Augen.

Das Schönste ist, sie kommen nun wieder, morgens sehr früh. Und niemand schießt mehr auf sie, wie früher hier!

Danke!

Frühlingsgedanken
am 24.03.2023

Wenn ich mit dem Rollator mein Haus 12a auf der begrünten Seitenstraße Burgstraße 12/12a in Merzenich entlanggehe, um ins Dorf zu gelangen, erblicke ich zu meiner größten Freude auf den seitlichen Rasenflächen zwischen den üppig wachsenden „Gänseblümchen" einige **echte Veilchen**! Was für eine Überraschung! Ich erschrecke beinah, dass es schon so weit ist. Und dass der Frühling fast ungesehen an mir vorbeigeht!

Die Erinnerung an meine Zeit in Rugendorf/Ofr. überkommt mich. Da waren viele Wiesen mit diesen tieflilablauen Veilchen, und ich konnte kleine Sträuße pflücken, mich an ihrem Duft erfreuen, glücklich nach Hause gehen. Echte Veilchen, also auch hier! Aber vereinzelt im Lebenskampf gegen stark vordringende Gänseblümchen und anderes „Grün".

Wieder zurück gehen meine Frühlingserinnerungen, an den Erlengrund, dessen durch kleine Bäche durchzogener Waldboden gleichzeitig von weißen Anemonen und zartgelben Schlüsselblumen übersät war! Unvergessliche Anblicke! Und der liebe Hund war immer dabei, sprang übermütig durchs Wasser…

Einige Zeit später konnte ich dann im Buchenwald Maiglöckchen pflücken. - Tempi passati!

Es kam mir zum Glück damals nicht in den Sinn, solche Naturfreuden einmal nie mehr erleben zu können.

Jetzt ist es schon lange so weit, aber dafür habe ich immerzu Stiefmütterchen in allen Farben in den Balkonkästen und schaue vom Sessel aus auf eine weite, grüne Landschaft, vor mir die Fotos aus jener Zeit.

So fängt **das Loslassen** an, mit Dank dafür, so viel Schönes einmal erlebt zu haben!

Mit ASB im Wünschewagen

Was ist das? ASB? Wünschewagen?

Ich hatte keine Ahnung, aber zwei nette junge Männer standen an meiner Haustür und erklärten es mir:

Arbeiter Samariter Bund!

Sie fahren alte und sterbenskranke Menschen zu Plätzen, die sie noch einmal sehen möchten, zu fernen Verwandten, oder zu lange nicht gesehenen Freunden.

Ich bekam einen ausführlichen Flyer dazu und konnte mich telefonisch erkundigen.

So kam es nach kurzer Zeit „zum schönsten Tag meines (alten) Lebens".
Ich bat darum, zu meinem „besonderen" Tierheim von „Pro Animale" in Worms gefahren zu werden, wo die Hunde frei herumlaufen dürfen und nach gesunden, natürlichen Regeln im Vertrauen zu den Menschen (Pflegern) betreut werden.

Ich wurde am verabredeten Tag von drei ASB-Leuten abgeholt: Andreas der Fahrer, Julia und Eva die Helferinnen.
Unten stand ein luxuriöser großer Mercedes, der als „Wünschewagen" umgebaut und gekennzeichnet war.
Bei „Pro Animale" angekommen, umbellte uns sogleich eine frohe Hundemeute, und im Haus bewegten sich frei

neun am Vortag aus Rumänien eingetroffene Hunde aller Art.

Ich war glücklich, sie von meinem Rollator aus anfassen und streicheln zu dürfen, verwöhnte sie mit Leckerlis, und als man mir einen kleinen Hund auf den Schoß setzte und ich ihn an mich drücken konnte, war ich so überwältigt, dass Tränen flossen:

a) aus Freude,

b) aus Trauer, selbst kein Tier mehr halten zu können,

c) durch das Wissen um die Tierquälerei überall auf der Welt.

Ein großes emotionales Erlebnis.

Inniger Dank an ASB und Pro Animale!

Bitte weitersagen!

Was ich heute, am 16.01.2023, von meinem Sessel aus sehen kann: Freude über mein schönes Zuhause

Über meine Fensterbank mit blühenden Blumen (Alpenveilchen, Weihnachtsstern, Azaleen und ein ragender, gerade abgeblühter Kaktus von 42 cm Länge) sehe ich – auf eine große, ungepflegte, aber grüne Rasenfläche, darauf wachsen in schönem Gleichmaß drei jetzt kahle Kirschbäume, die so gezüchtet wurden, dass sie nie Früchte tragen!

Dahinter hat sich aus dem Erdaushub dieses großen Gebäudes (Burgstraße 12a) ein Erdwall von etwa 1,5 m Höhe gebildet, der z. Zt. gut sichtbar ist, weil die Büsche, die ihn sonst verbergen, keine Blätter tragen.

Hinter dem Wall streben nebeneinander kräftige Laubbäume (wilde Kirschen, ein alter Birnbaum, Eschen und Buchen) in die Höhe und begleiten die kleine Elle, die gerade jetzt einmal fast voll gen Westen dahinfließt. Ich muss erwähnen, dass der Bach meistens leer ist, weil die Grundwassersituation durch RWE seit Jahrzehnten ge(zer)stört ist!

So wohne ich also mitten im Grünen, sehe kein Haus, nur Natur! Auch herrscht vollkommene Stille, weder Auto- noch Straßenlärm!

Wie sehr gerne möchte ich hier noch eine Weile leben, mein Buch beenden und dann – zufrieden hinübergehen!

Gedankensplitter
Meine Heimat, die Bundesrepublik Deutschland
(16.09.2022)

Wofür ich heute, hier und jetzt dankbar bin, hier und nicht woanders leben zu können:

Sauberes, ausreichendes Wasser, Strom, Heizung, Telefon (kein Handy), noch hinnehmbare Atemluft durch ländlich grüne Umgebung, Müllabfuhr, Rente pünktlich, Post nicht mehr täglich, aber Zeitung! Postamt, VB und Bäcker nah erreichbar, Pflegedienst (Grad vier) versorgt mich zweimal täglich und Haushaltshilfe einmal wöchentlich, Musik, Radio und Fernseher bringen mir durch starke Auswahl immer noch ausreichend niveauvolle Abwechslung.

Franziska hält seit über 15 Jahren meine Wohnung sauber; die Wohnung ist ein „Quell reinster Freude", hell durch Südseite mit Balkon und Blick ins große, grüne Gelände, vollkommene Stille (bei Tag und bei Nacht)!

Mein i-Punkt war Rudi, der schöne, stille Kater, der sechs Jahre durch eine Leiter vom Balkon seine totale, gefahrlose Freiheit mit mir genießen konnte. Er starb am 28.07.2022 einen schmerzlosen Tod.

Nicht unerwähnt soll bleiben, dass ich bis heute (95,8) in der Lage bin, bei REWE um die Ecke, mit Rollator, täglich von 7.00 – 22.00 Uhr (auch samstags!) aus einem riesigen Angebot (fast) alles zu kaufen, was ich zum Leben brauche …

Möge mir diese ideale Häuslichkeit noch bis zu meinem Lebensende erhalten bleiben.

Urlaub in Griechenland
Tigges-Reise vom 1.-24.06.1962

Damals war ich mit „Dr. Tigges" drei Wochen dort,
per Schiff durch den Kanal von Korinth auf dem
Peleponnes und den Inseln Ägina und Euböa, ange-
führt von unserem begnadeten Reiseleiter Dr. Riecke
– und ganz ohne Massentourismus!
Aus vollem Herzen verfasste ich zum Abschiedsabend
das folgende Gedicht:

A t h e n e
(mit die langen Beene …)

Ach, wie tut uns allen leid,
dass zu Ende nun die Zeit;
kaum kann es ein jeder fassen,
dass wir Griechenland verlassen.
Jedem unsrer Tiggesschar
wurde unterwegs es klar:
diesem Land an Schönheit reich
kommt so bald kein andres gleich.

War der Anfang dieser Fahrt
auch für manchen von uns hart
weil das Schiff ein mieser Pott
und erzürnt der Meeresgott,
wurden schließlich diese Dinge
im Verhältnis doch geringe
gegen das, was wir empfangen,
denn erfüllt ward das Verlangen

nachzuwandeln auf der Spur
längst vergangener Kultur –
was allein von Büchern her
zu verstehn uns bisher schwer.

Doch nachdem an Ort und Stelle
man uns führte an die Quelle,
die den Griechengeist getränkt
wurd' Erkennen uns geschenkt.

Nie wird uns verlorengehn
was an Schönem wir gesehn:
Heiligtümer hier und dort,
einst erbaut an stillem Ort,
tronend über'm weiten Tal
glüh'n im Abendsonnenstrahl.

Auch der Kiefernwälder Duft,
des Gebirges klare Luft,
mächtige Olivenhaine,
karges Land und Felsgesteine,
blaue Berge, hoch und hehr
und von Ferne grüßt das Meer,
das im Sonnenscheine blinkt,
sanften Wind und Kühlung bringt.

All' das schlug uns in den Bann
und die Phantasie begann
heut' und gestern zu verweben,
weckte auf zu neuem Leben
über tausenjähr'ge Zeit
Griechenlands Vergangenheit.

Doch wir stünden meistens dumm
um die vielen Tempel rum,
wenn nicht ER, der Vielbewährte,
uns die Dinge all' erklärte!

Dank dem Meister, der uns führte,
der mit vollen Sinnen spürte,
seines Geistes hohen Flug
ständig auf uns übertrug.
Dessen Augen Feuer sprühten
beim Erzählen alter Mythen,
der nicht müde ward, zu preisen,
uns auf Schönes hinzuweisen
und dies Land wie keiner kennt,
jeden Stein beim Namen nennt …

Langte unser Bus grad an
stürmte er uns schon voran
zu den vielgeliebten Stücken
die ihn immer neu entzücken.
Ruhte oft nicht seine Hand
liebevoll auf kühlem Stein,
dem ein Künstler ungenannt
einstmals hauchte Leben ein?

Lauschten wir nicht seinen Worten
tiefgerührt an manchen Orten:
„Meine Damen, meine Herrn,
sich-zieren lag den Griechen fern!"
oder „Dieses muss man wissen,
sowas nennt man Sofakissen"
oder „Seh'n Sie nur aus Guß

d e n glutäus maximus!!!"
Ja, Herr Doktor, Dank sei Ihnen
von uns allen ausgesprochen
die durch Staub wir und Ruinen
tapfer Ihnen nachgekrochen.

Was Sie uns an Wissen gaben
voller Leidenschaft und Schwung
wird uns immer geistig laben,
fest bleibt's in Erinnerung.

Kindern geben wir es weiter,
Enkeln, die der Lehrer plagt,
dann heißt's: „Unser Reiseleiter,
der hat aber **so** gesagt!"

So verlief denn unsere Reise
auf ganz beispielhafte Weise,
es vermengte sich Kultur
mit der herrlichsten Natur.

Ganz zum Schluß muß ich noch sagen,
daß die hier vertret'ne Schar
doch in Haltung und Betragen
einfach mustergültig war!

Niemand fiel hier aus der Rolle,
keiner wurde ernstlich krank …
steter ärztlicher Kontrolle
wohl gebührt hierfür der Dank!

Einer half dem andern weiter
seelisch und auch mit der Tat,

wenn der Organismus leider
ab und zu mal streiken tat.

Liebe Freunde, leider müssen
wir nun auseinandergeh'n
doch wir scheiden mit dem Wissen:
Schönstes haben wir geseh'n.

Darauf lasst uns Wein nun trinken
bis am Himmel Sterne blinken,
heute ist es keine Sünde,
haben wir doch soo viel Gründe:

Auf den Doktor, auf die Reise,
auf die Sonne und den Wind,
auf die wunderbare Weise
wie wir hergekommen sind!

Griechenland, voll Abschiedsschmerz
müssen scheiden wir
doch ein Stück von unser'm Herz
bleibt für immer hier.

Leserbrief an die „Bayerische Rundschau"
25. Juli 2002

Bayerische Rundschau · Donnerstag, 25. Juli 2002

LESERBRIEFE

Erst „schwarzer Freitag", dann Glückstag

THEMA: HILFSBEREITSCHAFT

Von einem außergewöhnlichen Fall von Hilfsbereitschaft berichtet uns eine Leserin:

Am Freitag, 15. Juni, verlor ich auf der Albert-Ruckdeschel-Straße in Kulmbach meine umfängliche Geldbörse auf etwas ungewöhnliche Weise. Ich habe sie in Gedanken während des Einpackens von Erdbeerschachteln auf mein Autodach gelegt und bin losgefahren... Als ich im „Fritz" einkaufen wollte, war sie futsch!

Der Schreck saß mir in allen Gliedern, mir war übel davon. Bei der Polizei meldete ich den Verlust für den Fall, dass es einen ehrlichen Finder geben würde. Zum Glück hatte ich nur Bargeld (100 Euro), keine Euroschecks mitgenommen, aber Führerschein, Ausweise, Kfz-Schein, Krankenkassen- und Büchereikarten etc. etc. hätten wieder besorgt werden müssen. Von zu Hause rief ich noch Radio Plassenburg an, dessen Sprecher hilfreich mein

Missgeschick über den Äther schickte. Der Tag, das Wochenende waren für mich gelaufen!

Gegen 15 Uhr – ich wollte gerade zur Post gehen, um neues Geld zu holen – kam ein Anruf: „Hallo, Frau Siegling, vermissen Sie Ihre schwarze Geldbörse?" Mit einem Schrei bejahte ich diese Frage. Die sympathische Männerstimme sagte: „Ich habe sie gefunden und bringe sie Ihnen!" Nicht zu fassen.

Wir trafen uns auf halbem Wege, froh und lachend, als wir entdeckten, dass wir beide je einen großen Hund im Auto hatten. Nicht nur ein guter Mensch, sondern auch noch Tierfreund, dachte ich. Herr K. übergab mir die etwas angeschrammte Geldbörse, aus der nichts fehlte und schilderte, wie er auf der Albert-Ruckdeschel-Straße mit Blinklicht den Autoverkehr zum Halten gebracht hatte, um das schwarze Objekt, über das einige Autos schon drübergefahren waren, an sich zu nehmen.

Seine Worte „Jetzt bin ich aber mindestens genau so glücklich wie Sie" ha-

be ich noch im Ohr. Eine Belohnung musste ich ihm aufzwingen.

Mit dieser Geschichte möchte ich vielen Menschen Mut machen. Es gibt doch noch ganz „feine Kerle" in unserer Ego-Gesellschaft. Jeder von uns kann ihnen begegnen.

Christa Siegling
Am Kaulbach 12
Rugendorf

144

Nachtgedanken
vom Mai 2022

In letzter Zeit komme ich meistens erst nach 21.00 Uhr dazu, mich vor die „Glotze" zu setzen und von der Welt zu erfahren. Immer öfter schlafe ich dabei ein und erwache um Mitternacht.

Bis die allerletzten Handlungen getan sind und ich aufatmend im Bett liege, kann es 1.00 Uhr werden.

Dann knipse ich das kleine Radio an, stecke mir die Stöpsel in die Ohren und bin gespannt, was WDR 3 mir bieten wird.

Da kommt's, ich fasse das Glück kaum: Chopin Klavierkonzert Nr. 1... Davon kenne ich – und kann mitsingen, fast jede Note! Ich liege still und glücklich und bedanke mich im Geist bei WDR 3 für dieses Geschenk!

Es dauert fast eine Dreiviertelstunde, dann versuche ich, mit meinen Glücksgefühlen einzuschlafen – endlich – denn der Tag war lang. Aber es geht nicht. Ich bin zu wach geworden von meiner Musik.

So hole ich mir aus der Küche ½ Zopiclon mit einem Schluck Wasser, wodurch ich mit Gewissheit bald einschlafe und sechs Stunden Tiefschlaf erhalte.

Bis 8.00 Uhr, dann kommt die „Pflegekraft", um mir die Stützstrümpfe anzuziehen...

Sie erzählt mir auf meine Fragen von ihren vier Kindern, dem fleißigen Mann und dem fast fertigen Ausbau der Terrasse...

Von Chopin hat sie keine Ahnung, aber ihr handfestes Glück gibt auch ihr Schwung für den neuen Tag! Schön!

Mein kleines, großes Glück

„Ich besaß es doch einmal
was so köstlich ist,
dass man doch zu seiner Qual
nimmer es vergisst!"
(Goethe)

Nein, es ist keine Qual, mich daran zu erinnern.
Im Gegenteil, ich bin jedes Mal dankbar und erlebe es neu: Mein kleines, großes Glück aus den neunziger Jahren, in Oberfranken im Umkreis von etwa 50 km um mein Dorf (Rugendorf) herum.
Ein sonniger Tag, ich fahre mit meinem kleinen orangefarbenen Seat durch die überall schöne Gegend, einfach „ins Grüne", mit Bäumen, Feld und Wald um mich herum, geliebten Blumen am Straßenrand, hübschen Dörfern – unberührt von Krieg und Zerstörung – und nur wenig Autoverkehr, aber mit Prinz, meinem wunderbaren schwarzen Mischlingshund neben mir auf dem Beifahrersitz, aufrecht sitzend, gespannt geradeaus schauend, den Wind in den Ohren vom offenen Fester her und glücklich, dass er dabei sein darf, neben mir!
Und das ist noch nicht alles, denn ich habe auch Mozart dabei, KV 448, auf Band, die türkischen Zwillinge Pekinel, Güher und Süher, die diese Traummusik an zwei Klavieren spielen…
Das waren Stunden vollkommenen Glücks, die mich bis heute erfreuen und stärken.

Ausschnitt aus
„Weihnachtspredigt für Tiere"

Als ich ein Kind war, hatte ich einen Kranich. Er lebte in meinem Garten, und der Garten war der Garten Eden, in dem wir als zwei Brüder miteinander wohnten. Um die Mittagsstunde lag ich auf dem Rasen und rief nach meinem Vogel. Er kam und blieb zu meinen Füßen stehen. Dann legte er sich nieder, dass sein Leib zwischen meinem Arm und meinem Herzen lag, und verbarg seinen Kopf an meiner Brust. Ein leise träumender Laut kam unaufhörlich aus seiner Kehle, unsäglich geborgen und glückselig. Meine Hand strich über sein bläuliches Gefieder wie über die Wange eines Kindes, und dann schliefen wir ein, während die Bienen über uns summten und der Pirol vom Walde rief...

Ernst Wiechert (1887 – 1950)

Notiz aus den „Dürener Nachrichten"

12.7.17

▶ **Glücksgefühle**. Geschenke machen oder Geld spenden – viele Menschen machen das sehr gern. Warum eigentlich? Forscher der Uni Lübeck wollten wissen, was im Gehirn passiert, wenn man großzügig ist. Dabei stellten sie fest: Menschen, die großzügigere Entscheidungen trafen, gaben danach an, glücklicher zu sein. Das konnten die Forscher durch Aufnahmen der Gehirne der Menschen beweisen. (dpa)

Herzensangelegenheiten

Nachruf auf meinen Jugend- und Herzensfreund

Jürgen Prietze, der am 18. Dezember 1944 mit seinem Flugzeug und seinem Funker nahe der holländischen Grenze abgeschossen wurde.

Wir wollten uns zu Weihnachten 1944 wiedersehen, und er hätte mich Ahnungslose da mit zwei goldenen Ringen freudig überrascht, „für immer" an sich gebunden.
Doch ein so gütiges Schicksal war uns nicht vergönnt. Er hat mich allein gelassen, war 20, als er fiel.
Ich wurde am 23.12.1944 18 Jahre alt.
Wenige, aber unvergleichliche Erinnerungen an ihn begleiten mein Leben. Er war ein wunderbarer Mensch,

ausgestattet mit den besten Charaktereigenschaften und Geistesgaben, hoch musisch und eine Sportskanone.

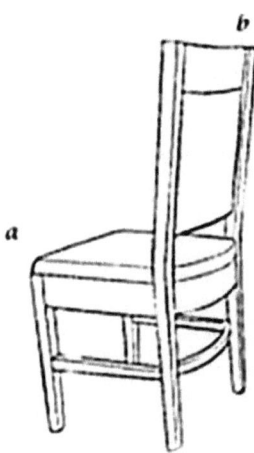

Ich möchte schildern, wie er mich in seinem Elternhaus in größte Aufregung versetzte: Er stellte sich vor die Sitzfläche (a) eines normalen Stuhls, fasste die Lehne (b) und sprang – über Sitzfläche und Lehne – ohne den Stuhl oder sich selbst zu Fall zu bringen! Es war eine Schrecksekunde für mich, aber er lachte nur! Dieses kleine mutige und geschickte Kunststück war so einmalig wie der ganze Kerl.

Unbedingt erwähnen möchte ich noch, dass ich erst „vor Kurzem", d. h. 2021 über die digitale Neugier eines Freundes aus englischen Luftkriegsarchiven des Zweiten Weltkriegs erfuhr, dass „Lieut. Jürgen Prietze im November 1944 (genau wann und wo) drei engl./amerikanische viermotorige Bomber bei der Nachtjagd abgeschossen hatte und dafür mit dem EK1 ausgezeichnet wurde".

Wieder einmal war ich sprachlos, aber auch vor allem, weil ich nie von ihm selber darüber unterrichtet wurde. Er war ein Held! Vielleicht sind Briefe verloren gegangen?

Erwähnenswert ist noch, dass ich oft nach meinem auffallenden Karneolring an der linken Hand gefragt werde. In den hat mir ein Juwelier aus Bonn damals die zwei goldenen Ringe verarbeitet. Ich werde ihn bis an mein Lebensende tragen.

Heute, Ende 2022, frage ich mich, ob überhaupt und wie Jürgen mit der Tatsache umgegangen sein mag (vor 78 Jahren), dass er drei Flugzeugbesatzungen à acht/zehn Mann in den Tod geschickt hat?

Wir konnten nie über all' das sprechen…

Nie wieder Krieg!

Meine zweite große (unerfüllte) Liebe

1946 war ich 19/20 Jahre alt und hatte Abi (1944), Arbeitsdienst (1944), Militärdienst (1945), Hamburg-Blankenese (1945), endlich Rückkehr nach Hause in die Annettenstraße und Zurechtfinden im „Frieden" hinter mir; ohne Beruf, ohne Geld. Erste kurze Arbeitsstelle (Englischkenntnisse) bei der UNRRA in Godesberg, Wiederaufleben im Wassersportverein und endlich wieder Konzerte in der Godesberger Redoute unter Heribert Beissel…

Es gab zwei Mozart-Konzerte innerhalb von 14 Tagen, das erste besuchte ich mit einem gleichaltrigen Freund (HDB). Im Foyer fiel mir ein schlanker Mann in schwarzer (Panzer-) Uniform ohne Rangabzeichen auf, wieso das? Unsere Blicke kreuzten sich mehrmals, aber wir hatten verschiedene Plätze und verloren uns aus den Augen, jedoch nicht aus dem Sinn.

Etwas später gab es beim Wassersportverein eine Tanzparty, jedoch es fehlten Männer (nach dem Krieg!). „Wir holen welche", hieß es. Und da war **er** dabei, diesmal in Zivil. Wir sahen uns sofort, aber er musste woanders Platz nehmen und beeilte sich nicht, mich aufzufordern, auch, weil er stets zu spät kam, da andere schneller waren.

Der allerletzte Tanz! Ich sagte sowas wie „es wurde aber Zeit!" Seine Antwort: „Ich wollte nicht eines der Zugpferde an Ihrem Triumphwagen sein…" Oho! Wir tanzten perfekt zusammen und ich fragte sehr bald, wieso er noch die deutsche Uniform trage? Er erklärte, dass er als ehemaliger Panzeroffizier mit englischen

Sprachkenntnissen bei einer englischen Transport-Einheit untergekommen sei, hier im Westen und fern seiner Heimat Chemnitz (DDR).

Der Kontakt war hergestellt. Es kam das zweite Mozart-Konzert, und anschließend lud ich ihn zu meiner Geburtstagsparty am 23. Dezember 1946 ein.

Meine Mutter erlaubte, dass er von da an, heimatlos, zu uns kommen durfte, auch über Nacht im Gästezimmer schlafen, sein Fahrer (Schlabs!) holte ihn dann am anderen Tag wieder ab, mit einem großen 40 to Laster von der englischen Dienststelle.

Unser Zusammensein war für uns beide pures Glück, ich erinnere mich, dass das banale Nachkriegsleben mit dem Kampf ums Dasein mich überhaupt nicht tangierte, weil ich diese große Liebe zu Volker in mir hatte. Ihm ging es ähnlich.

Ich war so froh, dass er aus dem fürchterlichen Krieg, und aus einem brennenden Panzer lebend heraus-gekommen war. Über die Zukunft haben wir nicht gesprochen, nur die gemeinsamen Stunden zählten.

Im Herbst 1946 war ich von Zuhause ausgezogen, in ein möbliertes Zimmer (Buschstraße 12) in Bonn, wo ich eine feste Stelle bei der Englischen Brief-Zensur (mit Mittagessen!) erhalten hatte.

An einem Wochenende, das ich in Godesberg ver-brachte, holte mich Volker dort in sehr veränderter Stimmung ab und wir wanderten zu Fuß nach Bonn …

Er erklärte mir, dass wir uns trennen müssten, da er, soeben von einer (gefahrvollen) Reise nach Chemnitz kommend, dort einer ehemaligen Freundin ein Eheversprechen gegeben habe, die frühere Rechte geltend machte.

Erde tu dich auf!

Ich konnte dies nicht fassen, weinte und litt fürchterlich. Auch er war sehr unglücklich, wir schrieben uns noch eine Weile rührende Briefe, aber so endete meine zweite zunächst so glückliche Beziehung mit großem Trennungsschmerz.
Sehr viel später wurde mir klar, dass das alles auf Veranlassung meiner Mutter „inszeniert" worden war, da Volker nicht auf ihre Frage einer Heirat eingehen konnte... Auch hatte sie einen anderen Mann für mich ausgesucht (KEH), der nur darauf wartete, mich für sich durch ein Eheversprechen zu binden...

Eine bis heute bittere Erfahrung!

Ich habe immer gehofft, Volker einmal wiederzusehen, aber vergebens ...

Die Weise von Liebe und Tod des Cornets Christoph Rilke
(Auszug)

Rast! Gast sein einmal.
Nicht immer selbst seine Wünsche bewirten
Mit kärglicher Kost.
Nicht immer feindlich nach allem fassen;
einmal sich alles geschehen lassen
und wissen: was geschieht, ist gut.
Auch der Mut
muß einmal sich strecken
und sich am Saume seidener Decken
in sich selber überschlagen.
Nicht immer Soldat sein. Einmal die Locken offen
tragen
und den weiten offenen Kragen
und in seidenen Sesseln sitzen
und bis in die Fingerspitzen
so: nach dem Bad sein. Und wieder erst lernen, was
Frauen sind.
Und wie die weißen tun und wie die blauen sind;
was für Hände sie haben, wie sie ihr Lachen singen,
wenn blonde Knaben die schönen Schalen bringen,
von saftigen Früchten schwer.

Rainer Maria Rilke (1875–1926)

Volker, der Panzeroffizier, hatte es mir vorgelesen.

Unbekanntes sehr schönes Gedicht (1946)
Erinnerungen an Volker

Manchmal aber
sehnst du Ferne um dich,
und die schicksallose Weite
eines Sommerlandes,
darin Ähren wogen,
und die rote Leidenschaft des Mohnes brennt.

Manchmal aber
sehnst du tief in Einsamkeit dich,
in das mittägliche Leuchten
sanfter Meereswellen,
in die blaue Grenzenlosigkeit des Himmels,
über die
nur der schrille Schrei der Möwe hallt.

Manchmal aber sehnst du deine heiße Stirne
in das Kosen kühler Hände,
träumst du in die große Stille
einer Frauengüte dich,
die wortlos deines Herzens Unrast glättet.

Mein guter Freund Tom Bull

Anfang 1949 gab es in Königswinter am Rhein eine Tanzveranstaltung, zu der mich Bekannte aufgefordert und in ihrem Wagen mitgenommen hatten. Es ging über den Rhein mit der Mehlemer Fähre, und wir merkten uns, wann, spät in der Nacht die letzte Fähre uns zurückbringen würde.

Dies war eine reine Tanzparty, auf der ich - gerne und gut tanzend - meinen Spaß hatte. Unter meinen Tänzern war ein netter, älterer Engländer, der mich mehrfach aufforderte und froh war, sich mit mir auch unterhalten zu können.

Zu fortgeschrittener Zeit, als er gehen wollte, fragte er mich, wie ich denn wieder nach Hause käme? „Mit meinen Bekannten und der letzten Fähre", sagte ich. Da schlug er mir vor, dass er mir sehr gerne seinen Fahrer plus Auto schicken würde, der mich zur angegebenen Zeit abholen würde… Dieses Angebot konnte ich nicht ausschlagen, und pünktlich, früh am nächsten Morgen, stand da an der Fähre Herr X. mit einem weißen - nicht Rolls-Royce! - aber VW-Käfer, was etwas ganz Besonderes damals war.

Von da an sahen wir uns oft, und es begann eine gute ernsthafte Freundschaft, an die ich sehr gerne zurückdenke. Denn Tom Bull war ein höherer eng-lischer Offizier, gebildet und welterfahren, derzeit in Bonn stationiert, der mir den „Duft der weiten Welt" nahebrachte und mich als arme Nachkriegs-Deutsche auf feine Art verwöhnte und stützte.

Nach meinen bisherigen Erlebnissen - Bombenkrieg, Arbeitsdienst, Militär, Kriegsende, der Verlust von Vater, Bruder und Freund - war seine ruhige, selbstsichere Art „Balsam für's zerrissene Herz". Wir genossen unbeschwert unser Zusammensein.

Er war seit Kurzem geschieden worden von einer exotischen Frau aus dem Libanon, es gab wohl noch Querelen um den gemeinsamen Sohn, der ein englisches Internat besuchte.

Seine plötzliche Versetzung nach Bad Pyrmont brachte das traurige Ende unserer Beziehung, aber wir blieben noch eine Weile in Kontakt bis - ja, Dr. med. R. Siegling auf der Bildfläche erschien und meinen Kummer sozusagen erstickte. Wir heirateten am 29.07.1950, und niemand war glücklicher darüber als meine verwitwete Mutter, die mich damit endlich (?) unter der Haube sah. Ich war damals 23 Jahre alt.

Die große Liebe

Es war im Jahr 1959, da kam sie über mich, ich war Anfang 30, er war Anfang 40.

Wir waren entfernt verwandt, seine Mutter war die Schwester meiner Großmutter.

D. h., wir hatten bildungs- und herkunftsmäßig eine gleiche Basis, was für unsere Beziehung günstig war.

Aber dann kam bei ihm dazu, dass er ein hochgradiger Ingenieur war, gelernter Schiffsbauer, aber später als Vertreter einer weltweiten deutschen Maschinenbaufirma im Orient tätig, mit Familie!

D. h., dass wir uns nur zwei- bis dreimal im Jahr – heimlich – trafen.

Aber diese Begegnungen waren so erfüllt von Glück, dass die Beziehung sechs Jahre anhielt.

Ich werde seine feinfühlige Zuneigung, seinen Respekt mir gegenüber und sein Interesse an mir, dazu seinen herrlichen Sinn für Humor, nie vergessen.

Einmal trafen wir uns in Lugano, wenige unwiederbringliche Tage, bei deren zu Ende gehen ich bis in den D-Zug nach Bonn hinein weinte; wegen der Aussichtslosigkeit!

„Wir könnten die Welt aus den Angeln heben" sagte ich einmal.

Aber wir haben auch in meiner kleinen Küche in der Annettenstrasse 11 gemeinsam unsere Schuhe geputzt!

Das Ende kam durch meine gewollte Abreise (Herbst 1965) nach USA.

In der Schiffskabine erwartete mich ein Abschiedsstrauß roter Rosen…

Eine etwas tiefergehende Freundschaft (1961/62)
Meine Begegnung mit Ernst B.

Ich arbeitete im Bundesministerium der Verteidigung, Bonn, mit sehr vielen Männern zusammen.

Mittagessen in der Kantine. Dort sprach mich, mit Tablett in der Hand, der lange, gutaussehende Ernst B. an. Er meinte „mich von irgendwoher zu kennen" etc. etc.

Wir aßen zusammen, und er erklärte die Situation wie folgt: Er arbeite als Verwaltungsmensch (ungern) in einem Militär-Referat, sei früher aber Förster auf dem Darß gewesen…

Das elektrisierte mich, da ich gerade ein Buch gelesen hatte – „Verklungen Horn und Geläut", mir von lieber Hand geschenkt, das mich tief beeindruckt hatte und eine große Sehnsucht nach jener fernen Traumlandschaft, damals noch DDR, auslöste.

Und nun war da jemand, der von dort stammte und die Trennung und den Neubeginn als Schreibtischmensch in einem Bonner Ministerium kaum verkraften konnte. Dies brachte sofort eine große seelische Nähe zwischen uns.

Da ich jedoch mit dem Herzen seit 1959 fest vor Anker lag, konnte ich sein in ihm ohne mein Zutun entstandenes Feuer nicht erwidern. Er war seit Jahren „gewohnheitsmäßig" mit großen Kindern verheiratet, aber es entstand eine feine, besondere Freundschaft. Wir trafen uns zu Konzerten und guten Gesprächen bei

Spaziergängen, aber auch bei mir zu Hause in der Annettenstraße 11.
Während ich allein an der Nordsee in Urlaub war, erhielt ich zwei sehr schöne Briefe von ihm, die ich bis heute als großen Schatz bewahre!
Sie sprechen Bände über seine Gefühle für mich, auch deuten sie an, dass er um mich kämpfen würde.
Da wäre ich schwach geworden, aber es sollte nicht sein, wieder einmal!
Denn vor meiner Abreise nach Amerika (Herbst 1965), erfuhr ich durch eine Nachricht von seiner Frau, dass er gestorben war.

Meine letzte ernsthafte Affäre (1966-68)

Ich arbeitete als Sekretärin für Union-Kraftstoff Wesseling in Libyen, bewohnte einen hübschen Bungalow im Vorort von Tripoli mit abgeschlossenem Autostellplatz und Garten.

Dort hatte ich viel Besuch von Nachbarn, Kolleginnen und Kollegen (aus dem Sudan), von zwei libyschen Brüdern (Mahmud und Muktar) sowie von Dr. ELB. Dieser war Chefgeologe bei Wintershall. Er war Witwer, seine zwei Töchter lebten in Deutschland.

ELB war sympathisch, humorvoll, klug, galant und eines Tages funkte es zwischen uns. Wir verkehrten offen miteinander, unternahmen allein und mit anderen Öl-Leuten Fahrten in die Wüste oder vorzugsweise immer ans Meer (Leptis Magna).

Er genoss meine Gesundheit und sportlichen Ambitionen und akzeptierte tolerant, dass ich ihm auf einigen Gebieten – Geschichte, Allgemeinbildung, Sprachen – „über" war. Nach einiger harmonischer Zeit trafen wir uns auch in Deutschland und er zeigte mir sein Haus, denn wir erwogen evtl. zu heiraten.

Auf einer Reise erfanden wir (ich) ein schönes Spiel abends bei einer Flasche Wein: Jeder schrieb auf einem Blatt Papier links die positiven, rechts die negativen Eigenschaften, die wir aneinander festgestellt hatten! Das gegenseitige Vorlesen war hoch interessant und wir nickten, meistens lachend und zustimmend.

Ich habe die Zettel bis heute aufgehoben (siehe nächste Seite), ihr Inhalt ist köstlich! Aus unserer Heirat wurde nichts, ich war ihm wohl doch zu selbstbestimmt – und zu schwierig. Er hat eine Österreicherin geheiratet und im Wallis Wohnung genommen.

ELB über Christa

Positiv: Negativ:

Positiv:	Negativ:
vorzügliche Rundumbildung	zu kritisch bis zu schulmeister-
geistig sehr interessiert	lich schuriegeln
Freuden an den kleinen und	unduldsam
großen Dingen des Lebens	Eigenliebe gut entwickelt
physisch herrlich belastbar	
sehr pflichtbewusst	
musik- und tierliebend	
sehr spontan und entschluss-	= oft zum eigenen Schaden
freudig	
warmherzig	
sehr couragiert	
unternehmungslustig	zeitweise überschwänglich bis
(zu neuen Ufern)	übersteigert (bei Katzen und
begeisterungsfähig	Williams-Christ-Schnaps)

Christa über ELB

Positiv: Negativ:

Positiv:	Negativ:
Optimist	in Kleidung nachlässig
sinnenfreudig	keinen eigenen festen Ge-
anständig (charakterlich)	schmack (blau und braun)
physisch couragiert	leicht unordentlich
charmant	Sprachschwierigkeiten!
naturverbunden	unentschlossen!
hilfsbereit	zu sehr auf Kompromisse be-
tolerant (oft zu sehr)	dacht, d. h. oft allzu tolerant

nicht kleinkariert
vielseitig interessiert (aber
manchmal nur oberflächlich
starker Arbeiter (da gründlich)
physisch stark belastbar
fröhlich
einfühlsam
g e s u n d
humorvoll
pflichtbewusst
nicht nachtragend
gutmütig
stets leicht zerstreut

Summa summarum:

Gut zu ertragen, sogar mit
Vergnügen, für 14 Tage,
nicht länger!

wenig musisch -
keine fundierte Bildung, aber
eine solche vortäuschend!
nicht tierliebend
nicht diskret genug (Ehrlichkeit an den falschen Stellen)
keine allzu gute Menschenkenntnis
keine allzu gute Beobachtungsgabe
oft langer Draht
müsste Hände mehr pflegen
(wahrscheinlich auch Füße?)
gewisser Geiz
umständlich
Eigenliebe gut entwickelt
skurrile Gedankengänge

Nur für Tierfreunde

O Gott, erhöre unsere
demütige Bitte für
unsere Freunde, die
Tiere, und besonders
für die verfolgten Tiere,
für die überlasteten,
Hunger leidenden und für
die grausam behandelten
Tiere! Für alle jene
armen, in Gefangenschaft
befindlichen Geschöpfe,
die mit ihren Flügeln
an die Gitterstäbe
ihrer Käfige schlagen.
Wir bitten, Herr, für sie
um Dein Mitleid und
um Deine Gnade; und
für diejenigen, denen
ihre Pflege obliegt,
bitten wir um ein
barmherziges Herz.

Albert Schweitzer (1875 – 1965)

Meine Tiere

Tierliebe war von Kindesbeinen an immer in mir drin, aber ich konnte sie als Tierbesitzer fast nur mit Katzen ausleben, erst einmal nach Ende der Berufstätigkeit 1989 mit „Prinz", dem schönen schwarzen Mischlingshund...
Die Sehnsucht nach Pferden wird bis an mein Lebensende ungestillt bleiben. Aber alle Tiere sind für mich Gottesgeschenke, weil sie uns so viel voraushaben: Sie sind unschuldig und echt.

1) Katze „Lieschen" kam 1967 in Tripoli/Libyen zu mir, wo ich für zwei Jahre als Öl-Sekretärin einen hübschen Bungalow mit Garten bewohnte. Als mein Vertrag zu Ende war, flog ich mit ihr nach Hause (Godesberg, Annettenstraße), wo sie Haus und Garten genoss. 1974 wurde ich für drei Jahre nach Singapur versetzt und nahm sie mit. Dort erlebte sie einen schweren Schock durch die Umstellung der Trennung von mir, durch die Quarantänezeit von sechs Wochen, die sie in einer Baracke mit Blechdach verbringen' musste, auf das sehr oft sehr heftige Tropen-Gewitter mit starken Regengüssen niedergingen = unerträglich für feine Katzenohren! Außerdem bekam sie dort nur Fisch zu fressen. Als ich sie endlich zu mir in Haus und Garten holen konnte, verkroch sie sich tagelang unter mein Bett, verweigerte alles Futter, bis ein chinesischer Tierarzt mich beruhigte und mir riet, sie nach und nach mit frischem Rinderhack hervorzulocken. Das half, sie kam langsam zu sich und wir hatten eine gute Zeit

zusammen. Nach zwei Jahren starb sie, vom Tierarzt begleitet.

2) Darauf schien der zierliche schwarze Kater asiatischer Herkunft nur gewartet zu haben, der aus der Nachbarschaft stammte, wo ihn eine weggezogene Familie sich selbst überlassen hatte. Wie gern nahm ich ihn auf! Er erhielt den Namen „Chin Peng" – nach einem gesuchten kommunistischen Aufrührer, der sich in den malaysischen Wäldern versteckt hielt. Im Herbst 1978, als mein Vertrag beendet war, flog er mit mir in die Heimat und genoss voll, wie früher Lieschen, Haus und Garten in der Annettenstraße, bis ich meine Zelte dort 1987 abbrach, das Haus verkaufte und nach Oberfranken auswanderte. Dort, in Rugendorf in der Nähe von Kulmbach und Kronach, erwarb ich neuen Grund und Boden und konnte mir nun endlich als vorgezogene Rentnerin einen Hund zulegen!

3) Das war „Prinz", ein kleiner schwarzer Welpe von einer reinrassigen Dalmatiner-Mutter und einem (hm… hm…) Jagdhund-Vater. Mit größter Freude erlebte ich, wie sich beide Tiere sofort annahmen und Prinz seine Liebe zu Katzen in erstaunlichem Maß entwickelte. Wunderbare Fotos können dies belegen.

Auch Chin Peng starb nach einigen guten Jahren, vom Tierarzt betreut, und von mir in einem Grab in den fränkischen Wäldern beerdigt.

Prinz begleitete mich fortan zwölf Jahre durch Dick und Dünn! Ihm verdanke ich meine herrlichen Wanderungen durch Wiesen, Felder und Wälder. Er lief in den überall menschenleeren Gefilden ohne

169

Leine, sein Jagdtrieb war gemildert durch Kastration, so dass er immer zu mir zurückkam. Zum Glück liebte er auch das Autofahren und saß stolz neben mir bei allen Ausfahrten.

Eine Einschränkung musste er hinnehmen, als ich nach einiger Zeit aus Mitleid einen wunderschönen jungen Schäferhund (Lassi) mit zu den Ausflügen nahm, der bei sehr alten Leuten nur in einem Zwinger hin- und herlaufen konnte.

4) So genoss ich Natur pur mit den zwei glücklichen Hunden, manchmal ging das auch per Rad, beide hatten gelernt, jeder an einer Leine, brav nebenherzulaufen, bis an die große Freiheit von Wald und Flur.

Prinz musste hinnehmen, dass Lassi der Alpha-Hund draußen war. Dafür war er im Haus der liebenswürdige Katzenfreund, mit dem alle Katzen, die ich hereinbrachte – von traurigen Fundorten oder überzähligen Würfen – enge Freunde wurden und kuschelten.

Auch war Prinz der Liebling meiner sehr netten Nachbarskinder, wozu es viele Fotos gibt, die mir bis an mein Lebensende Freude machen werden.

5) Als vorletzten Lebensbegleiter schreibe ich jetzt über „Filou". Ich fand ihn und vier seiner Geschwister mutterlos und halb verhungert in einem verlassenen Stall. Eines der Katzenbabys starb sogleich, die anderen nahm ich zu mir und päppelte sie bald zu fröhlichen Kätzchen auf. Das, das blind war, Filou, behielt ich, die beiden anderen konnte ich per Zeitungsannonce („liebevoll großgezogen") vermitteln. Er wuchs total normal auf, froh mit

weiteren Findlingen, der Freundschaft mit Prinz und meiner Fürsorge und Liebe... Er ging mit mir, nachdem Prinz am 27.04.2001 (an Halskrebs!) mit ärztlicher Hilfe gestorben war und ich im Frühjahr 2006 Rugendorf aus Verstandesgründen im Alter von 80 Jahren verlassen habe, ins Rheinland, wo wir Ende des Jahres in Düren eine neue gute Bleibe, Erdgeschoss mit kleinem Gärtchen, auch für ihn gefunden hatten. Endgültige Ruhe erlebten wir dann in Merzenich, wo ich ab 2008 eine Erdgeschoss-Wohnung allererster Klasse ganz im Grünen und in vollkommener äußerer Stille, hoffentlich bis ans Ende meiner Tage mietete (Nr. 7, Burgstraße 12a). Wann genau Filou mit tierärztlicher Hilfe starb, weiß ich nicht mehr, aber ich habe ihn 2014 in einem großen Garten von Freunden (in der Eifel) begraben.

6) 2014 war ich 88 Jahre alt und noch, verglichen mit heute (November 2022) putzmunter, plus Auto. Aber ohne Katze? Ging nicht! Sogleich zum Tierheim Düren, wo ich nach kurzem „Beschnuppern" in einem Spezial-Container eine arme, ältere, sehr verschüchterte weibliche Katze zu mir nahm. Sie war grau-gelblich getigert mit buschigem Schwanz, kein Kuscheltier, sondern eine bisher freilebende Wildkatze. Niemand kannte ihr Alter, aber sie genoss bei mir zwei Jahre lang ein geregeltes, angenehmes, liebevoll betreutes Leben ..., bis sie krank wurde und eingeschläfert werden musste. Ich, wieder allein, ohne Katze? Geht nicht!

7) So fand ich 2016 erneut im Tierheim Düren meinen allerletzten, schönen, rotweißen Kater „Rudi". Er war lt. Impfpass bereits neun Jahre alt und wartete seit kurzem (aus TH Duisburg übernommen) einsam im Katzenrudel des Tierheims, von seiner Erlösung als Freigänger träumend...

Die erhielt er dann in vollem Umfang bei mir! Ich setzte mich bei der Hausverwaltung durch und ließ von meinem Balkon aus (Erdgeschoss) eine Katzenleiter in das riesige Gartengelände von Burgstraße 12/12a anbringen, auf der er ab sofort kommen und gehen konnte, wie er wollte. Draußen gab es kleine und dicke Mäuse, die er mir immer wieder (als Geschenk!) brachte – und seine Feinde, die Krähen. Meistens floh er vor ihnen ins Gestrüpp, wohin sie nicht folgen konnten.

Da Rudi so rundherum glücklich und versorgt war, kam sein grundguter Charakter voll zum Vorschein. Er war zu allen freundlich, lief auf Fremde und alle meine Freunde zu und entwickelte sich zu einem artigen, stolzen Begleitkater, das heißt, er lief zunächst mit mir und dem Rollator wie ein kleiner Hund nicht neben mir, sondern vor mir mit erhobenem Schwanz; bald begleitete er auch andere Personen, die mit Rollator herumspazierten, sehr zu deren Freude. Das war einmalig.

So hatte er noch sechs gute Jahre bei mir, bis sich eine unheilbare Krankheit einstellte, verursacht letzten Endes durch mein Unwissen, weil er infolge des so über-reichlich angebotenen verfütterten „Nassfutters" zu viel Fett aufgenommen hatte!

Sein Tod am 28.07.2022 wurde hier in meinem Wohnzimmer durch den Tierarzt mit einer Spritze in 30
Sekunden herbeigeführt. Besser geht es nicht. Ich war
total vorbereitet und ließ meinen Rudi gehen in dem
Gedanken, ihn da oben (?) bald – mit allen anderen geliebten Tieren – wiederzusehen!

Rudi

Prinz und
Fritzchen

Der blinde
Filou

Chin Peng

Rabenkrähen

Als Tierfreundin gehören sie seit vielen Jahren zu meinem Leben. Ich habe außer ihnen und Kater Rudi nichts anderes mehr, da sie – Raubvögel – hier sämtliche kleinen Vögel terrorisiert und vertrieben haben.

Aber auch sie, schön anzusehen und elegante Flieger, sind der Bewunderung und Beobachtung wert.

Von meinem Balkon im Erdgeschoss schaue ich auf eine große grüne Wiese mit zwei – jetzt blühenden – Kirschbäumen, dahinter sind viel grünes Buschwerk und stetig höher wachsende Laubbäume, die einen kleinen Bach, die Elle, begleiten, also eine schöne grüne Kulisse.

Alle Krähen wissen genau, dass bei mir Kater Rudi wohnt, den sie nicht leiden können und sogar manchmal attackieren, aber sie haben doch auch Respekt vor dem großen Kerl, wenn er sich wehrt.

Sehr gerne füttere ich sie mit allem, was Rudi verschmäht und ich selber – artgerecht – loswerden möchte. Dabei mache ich mir die Mühe, alles kleinzuschnippeln und harte Böden von gekauften Kuchen vorher einzuweichen, damit sie an den harten Brocken nicht ersticken... Alles geht über den Balkon hinunter auf die Wiese (Erdgeschoss!)

Die Krähen haben das sofort bemerkt, kommen aber nicht eher an die Mahlzeit heran, bis ich den Balkon verlassen habe. Übergroße Vorsicht! Dann wird sich um jeden Brocken gezankt.

Meine große Freude ist, sie von meinem Bett aus in aller Ruhe zu beobachten, wenn sie allein, zu zweit oder zu mehreren sich auf dem wilden Kirschbaum, dessen hohe, dünne Zweige stets der Wind bewegt, niederlassen, sich ausruhen, sich schaukeln lassen. Sie scheinen dies zu genießen, ein Schwätzchen haltend? Plötzlich fliegen sie auf, erst einzeln, dann alle.

Das schönste Schauspiel ist, wenn starker Wind/Sturm herrscht! Dann werfen sie sich in größeren Gruppen ihm – wahre Luftakrobaten – förmlich entgegen, immer wieder, voller Lust und Lebensfreude.

Nun grüßt mich eine, ganz allein von dem allerhöchsten dünnen schwankenden Ast...

Danke, liebe Krähen!

PS: Nach Rudis Tod im Juli 2022 werfe ich kaum noch etwas über den Balkon in die Wiese. Die Krähen, auch die Elstern und die Tauben, verschwinden daher mehr und mehr.

Heute (30.11.2022) wurde die Katzenleiter abgebaut und damit meine Tierhaltung beendet. Aber dies ist rechtens so, denn ich kann mich nicht mehr bücken etc. etc.

So geht auch mein Leben zu Ende, aber es hat mir ja so viel Schönes, noch vom Bett aus, geschenkt!

Die Geschichte der drei Hundebisse …

Ich bin Tierfreundin und fand in Rugendorf zu meinem eigenen Hund Prinz einen wunderschönen blonden jungen Schäferhund, der zwei alten Leuten gehörte, die nicht mehr laufen konnten, und der nie die Freiheit eines Spaziergangs in Wald und Flur kennengelernt hatte. Er hieß Lassi, war stark und gesund, vital, nur kaum erzogen.

Wir hatten sofort Kontakt und ich holte ihn sooft ich konnte ab, um ihn mit meinem Prinz hinauszunehmen in die große Freiheit der Natur. Natürlich war Lassi das Alphatier, dem sich mein Prinz unterordnen musste. Diesen Schmerz konnte ich ihm zumuten, da er bei mir ein sonst optimales Dasein – im Gegensatz zu Lassi – hatte.

Beide Hunde „akzeptierten" sich, sie fanden hinten in meinem kleinen Auto guten Platz, da die Hintersitze stets hochgeklappt waren. Beide freuten sich, wenn es „los ging".

Eines Tages waren wir oben am Berg, wo noch Schnee lag, unterwegs. Die Hunde sprangen frei um mich herum. Plötzlich sehe ich entsetzt, wie Lassi sich in einem Haufen menschlichen Durchfalls am Straßenrand genüsslich wälzte! Ich erstarrte und war absolut ratlos. Abwarten, Ruhe bewahren. Dann wollte ich, dass Lassi sich im neuen Schnee nochmals wälzte, um den Dreck etwas loszuwerden. Aber Lassi verstand meine Gedanken überhaupt nicht, sondern war durch mein Gestikulieren nervös geworden. Deshalb biss er zu, in den linken Arm, und ließ für ein paar Sekunden nicht mehr los…

Das Blut lief, endlich kam ich frei. Prinz hat unbeteiligt zugesehen. Nun musste ich beide Hunde ins Auto kriegen und sie erstmal nach Hause bringen, was mir gelang. Dann fuhr ich (blutend) ins Krankenhaus von Stadtsteinach, wo ich Tetanus geimpft, genäht und verbunden wurde, ohne irgendwie befragt zu werden. Die AOK hat alles bezahlt. Es war eine schreckliche Erfahrung, aber Lassi hatte keine Schuld daran.

Von seinen Alten hatte ich nichts zu erwarten. Die Wunden heilten problemlos, ich hatte bald Mitleid mit Lassi, der nun wieder an seiner langen Kette auf dem verfallenden alten Hof leben musste

Irgendwann später waren wir wieder zu dritt unterwegs, diesmal auf einer näher gelegenen großen Wiese.

Die Hunde liefen herum, plötzlich griff Lassi mich an und biss wieder zu, jetzt in den rechten Unterarm. Diesmal sah ich keinen Grund dafür (vielleicht schwüles Wetter?).

Nach dem erneuten Schreck kamen Realität und Vernunft zurück, ich band Lassi an einem Baum fest und bat eine Frau im nächsten Haus, den Neffen der Alten anzurufen, er möge Lassi dort abholen.

Ich selbst fuhr, wiederum blutend, mit Prinz ein zweites Mal ins Krankenhaus Stadtsteinach, wo ich, wie zuvor, genäht und versorgt wurde, auf Kasse!

Nach langer, langer Zeit bin ich noch einmal auf den armen Kettenhund zugegangen, und er hat erneut auf dem heimatlichen Hof zugebissen … Prozedere wie oben!

Kurz darauf starben die Alten und Lassi kam in die Hände des Neffen, der wenig Zeit für ihn zum Spazierengehen aufbrachte. Dort ist er aber zumindest versorgt (gefüttert) worden, bis zu seiner verdienten Erlösung vom Irdischen.

Fazit: Lassi hat durch mich die schönsten Stunden seines Lebens gehabt...

Und: ich trage bis heute die Narben an meinen beiden Unterarmen, die mich an die Freuden und Schrecken mit dem schönen Schäferhund Lassi, ohne Vorwürfe, erinnern.

CHIO Aachen vom 28. Juni bis 07. Juli 2023

Ja, auch ich habe Anfang, Ende, Dressur und Vierspänner-Rennen – teilweise – mit angesehen, im Fernsehen. Man soll bis zu 150,- € dafür bezahlt haben!

Für mich galt vor allem, **die Schönheit eines jeden dort gezeigten Pferdes** zu genießen.

Ihr schimmerndes Fell, schwarz, dunkelbraun, golden, ihre ausdrucksvollen Augen, die gespitzten Ohren, den herrlichen, meistens stark bewegten Schweif, ihre eleganten, muskulösen Bewegungen...

Dalera, die Dressurkönigin, die ihre Reiterin wie im Traum 16 Minuten lang fehlerlos durch die Kür trug. Frau von Bredow-Werl sagte später, ihr Pferd habe Spaß dabei gehabt.

Ob das stimmt? Ich frage mich, wie ist so ein Dressur-Pferdeleben? – Tage-, wochen-, monatelang dieselben Schritte, strengste Kopfarbeit, dann die Vorführungen mit den vielen Menschen, Transporte in Autos und Fliegern, andere Ställe, andere Klimas? Können sie einem da nicht leidtun? Und wie werden sie gelenkt mit den Eisengebissen im Maul? Der über 45 Grad gesenkte Kopf? Stimmt da alles, trotz der Beteuerungen? Ich weiß zu wenig darüber, denke nur, dass die „Springer" doch vielleicht mehr Spaß an ihrer Lebensaufgabe haben? Oder quält man auch sie (mit elektrischen Stößen?!) zu ihren Leistungen?

„Brot und Spiele" seit alters her…

Der Mensch will Spannung bei der Unterhaltung haben, Risiken, Kitzel…

Dennoch, es fehlt etwas, wenn die 600 Pferde weg sind.

Ob ich CHIO Aachen noch einmal am Fernsehen anschaue?

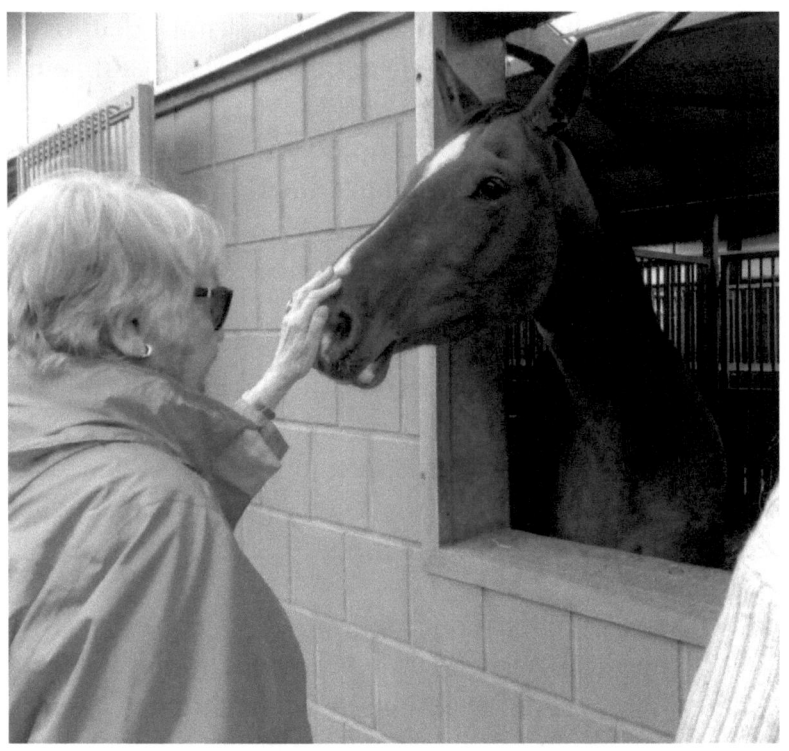

Ungewöhnliche Berührung mit Kamelen

Am 29.07.2023 hat mich Frau H. – langjährige Freundin aus Golzheim – zu dem Zirkus „Melodis Kinderparadies" nach Düren gefahren. Dorthin hatte ich am Vortag durch den hilfsbereiten Nachbarn eine Geldspende bringen lassen, da ich nicht wusste, wann der Zirkus weiterwandern würde.

Aber wir wurden mit Freude empfangen, und der Chef führte uns durch sein so außergewöhnliches Reich.

Einige Tage vorher hatte ich auf einer Taxifahrt nach Düren eine Herde echte Kamele (mit den zwei Höckern) gesehen, die friedlich Auslauf auf einer kleinen Wiese hatten.

Sofort erinnerte ich mich an meinen „Zirkus in Not" in Oberfranken, dem ich damals über die Zeitung und durch Sammeln von Geld und Material etwas helfen konnte. Das ist fast 30 Jahre her. Aber die Bedingungen für diese „wandernden Tierschauen" haben sich keineswegs verbessert, was mir sehr klar wurde.

Wieder war ich beindruckt und beglückt, nicht nur die herrlichen Kamele, sondern auch eine Meute von friedlichen australischen Hirtenhunden zu sehen, dazu auch Ziegen, Zebras, Esel – mit einem soeben geborenen entzückenden Jungen – und sogar ein vier Wochen altes Tigerbaby!

Wir hatten Mengen von Möhren, „abgelaufenes" Brot und Brötchen dabei, und so wurde der Besuch für mich ein Fest der Freude, weil ich alle Tiere anfassen durfte.

Dass die Tiere in einem so guten Zustand und alle total menschenfreundlich waren, erklärte sich daraus, dass der Chef „Tierlehrer" war, wie er uns auf Fragen beantwortete. D. h. es war seine „Berufung", mit Tieren umzugehen. Auch seine Frau kümmert sich außer um vier sehr reizende Kinder noch um zwei psychisch gestörte jugendliche männliche Pflegekinder, deren Umgang mit Tieren viel zur Besserung beiträgt.

Also, dies war alles keine „normale" Zirkusnummer!

Umso mehr tat es mir leid, dass die Stadt Düren nicht erlaubt hatte, Reklameschilder anzubringen.

Auch meine mir so „teure" Dürener Zeitung hatte keinerlei Notiz von dieser außergewöhnlichen Truppe genommen, wodurch sicherlich bessere Verdienstmöglichkeiten verhindert wurden!

Noch nach Tagen denke ich über die Begegnung nach und leide unter der traurigen Überlegung, wie diese Menschen und die vielen Tiere, plus riesige „Zubehörteile" (großes Zelt, Transport- und Wohnwagen etc.) in den heutigen schwierigen Zeiten auf Dauer durchkommen werden?

Sie ziehen nun weiter nach Erkelenz!

Wer denkt darüber überhaupt nach? Schickt ihnen gute Gedanken auf ihre Lebensreise?

Wo mag sie enden?

Tierschützer werden
keine Ruhe geben!

Kirche und Tiere

Dürener Zeitung vom 23. Januar 2023

Ob klein oder groß, ganz egal! Ein Pfarrer hat in einer Kirche in der spanischen Stadt Madrid alle **Tiere gesegnet**, die ihre Besitzerinnen und Besitzer dort hinbrachten. Dazu zählten vor allem viele Hunde (Foto:dpa). Aber etwa auch Schildkröten, Katzen und Pferde durften mit ihren Frauchen und Herrchen vergangenen Dienstag zur Kirche kommen. Grund dafür war das **Fest des Heiligen Antonius**. Der gilt als Schutzpatron der Haustiere. Das Fest wird jedes Jahr in vielen Teilen Spaniens gefeiert. (dpa)

Warum so selten bei uns?

Doch, hier sogar ganz in der Nähe!
(Aldenhoven)

Gottesdienst für Mensch und Hunde

Große, kleine, aufgeregte und ganz ruhige Hunde, aber auch „Kuscheltiere" nahmen mit insgesamt etwa 30 Kindern und Erwachsenen Teil am traditionellen „Gottesdienst für Mensch und Tier" in der Evangelischen Auferstehungskirche Aldenhoven teil. Die Pfarrer Charles Cervigne und Hartmut Benz, der ersteren während seines Ausfalls lange Zeit vertreten hatte, leiteten den Gottesdienst. Im vergangenen Jahr musste er coronabedingt ausfallen. Über seinem schwarzen Talar mit weißem Beffchen trug Benz eine rote Hundeleine, sein Bernhardiner hatte neben ihm im Altarraum Platz genommen. „Herr Gott, wir sind deine Schöpfung, wir sind Teil von dir. Du nimmst so vielerlei Gestalt an, nicht nur die menschliche", leitete Cervigne in die Intention des Gottesdienstes ein, „wieder über die Fähigkeiten der Tiere zu staunen, zu lernen und uns von Gott segnen zu lassen." „Weil Tiere ja viel besser hören können als Menschen", startete die Kirchenmusik zum Lobpreis Gottes leise. (PT.)/FOTO: SILVIA JAGODZINSKA

Es betrübt mich schon sehr, sehr lange, dass von den Tieren in unseren beiden Kirchen nie die Rede ist! Dabei leben inzwischen Millionen von ihnen, hauptsächlich Katzen und Hunde, zur Freude ihrer Besitzer bei uns Menschen.

Warum ist das so? (Tiere haben keine Seele?)

185

Begegnungen

Herzklopfen – mit 21
(1946/47)

Als ich 20 Jahre alt war, trennte ich mich von der Annettenstraße in Bad Godesberg von Mutter und meiner Schwester, weil ich in Bonn eine Stelle bei der Englischen Briefzensur angenommen hatte.

Ich fand bei Frau Schacht, Oberpostdirektorenwitwe, 90 Jahre alt, in der Buschstraße 12, als Untermieterin eine gute neue Bleibe, hatte ein großes Zimmer mit Balkon zur Straße hinaus, fließendes Wasser plus Toilette nach hinten über den Flur, DM 40,- pro Monat.

Zu Frau Schacht hatte ich schnell ein herzliches, vertrauensvolles Verhältnis, wie zu einer lieben Großmutter.

Ich half ihr, wo ich konnte, bis später hin zu Haarewaschen und Fußpflege. Tief beeindruckt hat mich, dass sie, eine echte Katholikin, jeden Morgen um 6.00 Uhr in die Kirche ging!

Von meinem Balkon aus konnte ich über die Straße hinweg in das große Gelände und auf die Rückseite des „Museum König" (auf der damaligen Koblenzer Straße) schauen, und erblickte eines Tages im Dachgeschoss am offenen Fenster einen Mann, der Geige spielte. Das war ungewöhnlich und bemerkenswert, es wiederholte sich mehrmals und berührte mich mit meiner musischen Veranlagung nicht unangenehm.

Als ich einmal abends von der Arbeit nach Hause kam, stand Frau Schacht schon am Geländer und rief mir zu:

„Fräulein Christa, da ist ein Blumenstrauß für Sie abgegeben worden".

Aus dem beigefügten Brief erfuhr ich, dass der edle Spender der Geigenspieler war, der mich wohl auch evtl. mit Fernglas, beobachtet hatte, mich kennenlernen wollte...

Natürlich war ich neugierig, und so verabredeten wir uns.

Er war ein großer! schlanker Mann, mit dunklen Augen und schwarzem Haar, sympathisch und mit Bildung! – mir gefährlich! –, viel älter als ich.

Er stellte sich als Arzt im Bonner Petrus-Krankenhaus vor. Eine interessante Konstellation!

Das war aufregend und führte zu einigen heftigen Begegnungen, bis ich herausfand, dass er ein stadtbekannter Frauenheld und sehr dem Alkohol ergeben war!

Auch mit der „Pausbacke" sei er lange Zeit liiert gewesen...

Mein Feuer erlosch total, als er einmal in der Nacht vor meinem Balkon unten auf der Straße „Christa, Christa" grölte und Einlass begehrte.

Ich konnte mir nicht anders helfen, als das Wasser einer großen Blumenvase auf ihn herab zu schütten, worauf er sich wütend davonmachte...

Schade um ihn, er war ein begabter, aber verkorkster Mensch. Ich weiß nicht, was aus ihm geworden ist!

... auch eine unvergessliche Begegnung 1959!

Ich war seit 1956 im Bundesministerium der Verteidigung, Bonn beschäftigt, als Sachbearbeiterin mit zwei Fremdsprachen (Frz./Engl.). Es gab dort einmal wöchentlich englische Sprachkurse, an denen ich gerne teilnahm, da man immer noch was dazulernen kann.

Unser „Lehrer" war Herr B., ein kompetenter, freundlicher, rundherum gebildeter Mann Mitte 40, mit dem ich privat nach und nach eine uns gegenseitig bereichernde, gute Freundschaft einging, obgleich oder gerade weil er homosexuell war.

Sein Schicksal hatte mich tief beeindruckt.
Er war lange Zeit in Australien als Lehrer tätig, wurde durch den Krieg 1940 streng und unangenehm interniert, kehrte 1945 nach Westdeutschland zurück.
Seine Eltern lebten in der damaligen DDR. Als er sie nach Jahren besuchte, wurde er ohne Grund als mutmaßlicher Spion verhaftet und in Bautzen jahrelang unter verheerenden Bedingungen wieder eingesperrt.

Er wurde endlich freigekauft und landete in Bonn, wo er Fuß fasste und Verdienstmöglichkeiten, u. a. im Bundesministerium der Verteidigung, erhielt.

Er holte seine Eltern, für die er eine Wohnung im schönen Oberwesel am Rhein gefunden hatte, aus der DDR raus, was ihm innerlich eine Last abnahm.

Wir unternahmen schöne Dinge zusammen (Konzerte, Theater, Kino und lange Spaziergänge).

Wir verloren uns aus den Augen, weil ich 1959 eine Herzensbindung eingegangen war – die sechs Jahre dauern sollte.

Auch er hatte sich festgelegt. Als ich mich im Herbst 1966 aufmachte, um in Libyen nach Öl zu bohren, erhielt ich von seiner Frau die Todesanzeige. Er war mit 51 Jahren „nach langem, mit großer Tapferkeit getragenen Leiden" gestorben.

Bis heute (2022) sehe ich ihn vor mir und lese, tief ergriffen, die drei Postkarten, die er mir in Englisch und in winziger Schrift - im Gefängnis angewöhnt! – geschrieben hatte. Sie zeugen von großer Wertschätzung und ich bin dankbar, auch ihn gekannt zu haben.

Tarzan

Was für eine Geschichte!
Sie begann mit meiner Annonce in der Super Sonntag-
Zeitung vom 27.03.2016:

Darauf erhielt ich viele Zuschriften, aber natürlich diese
eine von H. H. aus Titz-Höllen war faszinierend:

Titz-Höllen, 27.03.2016

Guten Tag!

Mit Interesse habe ich Ihre Anzeige gelesen. Ich bin 57 J., Frührentner, Nichtraucher, Nichttrinker und alleinstehend. Viele Jahre habe ich, zuletzt bei der Caritas in Jülich im sozialen Bereich ältere und behinderte Menschen betreut. Bin ein christgläubiger Mensch (7 Jahre Messdiener) und würde Sie gerne mit meinem DB auch öfter als 1x im Monat in's Grüne fahren weil ich selber unsere wunderschöne Natur liebe.

Eine Bezahlung möchte ich ablehnen, über Fahrtkosten können wir reden. Falls Sie Interesse haben freue ich mich über Ihre Nachricht.

Freundliche Grüße

Ich war 89 Jahre alt, fuhr mit meinem orangefarbenen SEAT nach Jülich zu einer Röntgenaufnahme, wo wir uns zum ersten Mal trafen. Ganz normal, fanden wir uns zumindest nicht unsympathisch, tranken irgendwo Kaffee und verabredeten uns in Merzenich. Er war zum Glück groß, und was mich für ihn sofort einnahm, war seine in sich ruhende, offene, lebhafte Art mit spontanen Fragen, wodurch wir uns schnell näher kamen.

Niemals physisch, aber geistig waren wir irgendwie in Gefühl und Verstand total auf einer Linie. Wir lebten ja auch, beide alleinstehend, sozusagen im luftleeren Raum, und mit ihm schien sich für mich dieser angenehm und interessant zu füllen …

Er fühlte sich in meiner Wohnung wohl und bald hatten wir ein Ziel Richtung Eifel im Auge, wohin er mich in seinem irren Sport Mercedes Oldie (mit nach oben aufklappbaren Flügeltüren (!) entführte. Er war „anders", selbstsicher, großzügig und zu Abenteuern geneigt. Wir genossen unser Zusammensein, Herkunft und Alter spielten keine Rolle.

Eines Tages sah er bei mir ein Foto von Lang Lang, von dem er auch schon gehört hatte. „Hätten Sie Lust, den zu sehen und zu hören? Er kommt nach Köln." Und ob ich Lust hatte! Irgendwie besorgte er Karten und ich erlebte den Superman hautnah mit sehr inniger Musik, sanft und ohne Allüren. Als Lang Lang, sich verabschiedend, an uns vorüberging, reckte H. H. seine beiden Daumen in die Höhe – eine tolle spontane Geste – und Lang Lang erwiderte dies lachend… unvergesslich!

April – Mai 2016, H.H. sagte immer wieder zu mir: „Du bist so jung, du bist so jung!" Das hörte ich gerne. Ganz zu Anfang hatte er mir gesagt, dass er nach geschiedener Ehe, vielen Enttäuschungen, auf der Suche nach seiner Traumfrau sei, wofür ich großes Verständnis hatte, und so waren unsere Grenzen gesteckt.

Anfang Mai 2016 machte sich eine schwere Herzerkrankung bemerkbar, er wurde unter Lebensgefahr in Eschweiler operiert, wo ich ihn besuchte und ihm Mut zusprach. Dann kam die Reha bei Duisburg, wo ich auch einmal hinfuhr und er langsam zu sich kam.

Dort in der Cafeteria hat er dann seine Traumfrau – ebenfalls herzkrank, Mitte 40 – kennengelernt! Zunächst wollten beide mit mir in Kontakt bleiben, mich betreuen bis ans Ende. Auch sie war pflegerisch tätig gewesen, aber dazu kam es dann nicht, und plötzlich war alles aus. (Unsere einmalige Beziehung glitt ab in kleinliche Intrige.)

Ich litt eine Weile, aber neue Freunde kamen auf mich zu: Die Cappella Villa Duria mit Herrn Esser und – Jens.

Ich hatte ihn Tarzan genannt, weil er so frei und risikobereit war, mit einem Schuss Hochstapelei, aber vielen Talenten und einem warmen Herzen.

Heute würde ich ihn nicht mehr wiedererkennen.

Dennoch: Ciao Tarzan, wie mag es dir gehen?

Unterhaltung mit meiner lieben Franziska
aus Kroatien, am Montag, 13.12.2021

Sie ist seit über fünfzehn Jahren meine sehr geschätzte, zuverlässige, fleißige, mir sehr vertraute Putzhilfe.

„Sind die Kinder gesund?" – Ja.
„Alles in Ordnung?" – Nein, mein Mann wurde zum ersten Mal geimpft und hat nun Gürtelrose.
„Nicht möglich!" – Doch, der Arzt sagt, er kenne mehrere Fälle.
„Damit ist nicht zu spaßen." – Er bekommt Antibiotika und ist krankgeschrieben, ist zu Hause, es geht ihm gut.
„Franziska, unten steht Ihr gepflegtes Auto, ein VW Passat. Wie alt ist er, geht es ihm gut?" - Ja, er ist über 20 Jahre alt, hat über 300.000 km hinter sich und brachte uns gerade jetzt wieder von hier (Merzenich) nach Kroatien und zurück.
„Nicht zu fassen, es lebe VW" Km-Stand am 24. April 2023: 390.050!

Wir lachten beide.

Ein neuer VW wurde inzwischen gebraucht über Internet gekauft.

Franziska ist ein sehr wertvoller Mensch, ehrlich bis auf die Knochen, Mutter und Mittelpunkt einer heilen Familie mit Mann und zwei (schönen) Kindern. Sie hat

einen gesunden Menschenverstand und verkörpert Anstand und Würde.
Wir sprechen über alles, vorwiegend meine Probleme – da sie nur wenige hat! – und ihr Rat ist mir sehr wertvoll. Liebe Franziska, bleibe so wie Du bist, ein Fels in unserer chaotischen Welt.

(Leider wollte sie kein Foto von sich in meinem Buch haben.)

Besuche beim Luftwaffengeschwader 31 „Boelcke" in Nörvenich

Ich war zweimal dort, aus Interesse, weil mein Vater Hans Hesse ein Schul- und Fliegerkamerad von Oswald Boelcke war. Beide waren gleichaltrig, Jahrgang 1891, und wurden in Dessau geboren.

Der erste Besuch erfolgte am 29.06.2021, nach kurzer Korrespondenz, einer Einladung des damaligen, sehr zugewandten Commodore Oberst Danilo Schlag, der mich herumführte und dem ich mein Buch über das Fliegerleben meines Vaters „Kusch Adam der Vogelmann" für sein Archiv hinterließ.

Der zweite Besuch am 17.08.2022 galt meinem Wunsch, den jungen heutigen Boelcke-Fliegern darzustellen, wie sehr ein Leben, besonders ein Soldatenleben, allein von Zufall und Glück abhängen kann. Und zwar durch die Schilderung der außergewöhnlichen Umstände, durch die mein vom Fliegen besessener Vater, der langjährig und intensiv 1912/13 als Motorflieger ausgebildet worden war, einen irreparablen Knick in seiner so vielversprechenden Karriere hinnehmen musste.

Kurz: Während Oswald Boelcke (ab 4. Juli 1915) als Jagdflieger große Erfolge erzielte, befördert und ausgezeichnet wurde (Pour le Mérite), hatte Hans Hesse das Pech, durch eine Notlandung im neutralen Holland interniert zu werden. Weil er aber zweimal unter abenteuerlichen Umständen aus der Internierung geflohen ist, wurde er, da man mit dem neutralen Holland keinen Ärger haben wollte, von den hohen, allerhöchsten Kriegsherren (Willem zwo) schwer bestraft, in die Heimat versetzt, degradiert und später aus dem aktiven Dienst entlassen.

Oswald Boelcke war erst später Kriegsflieger geworden, als man den Kampf Mann gegen Mann, die Jagdfliegerei, einzusetzen begann. Als er am 28.10. 1916 durch einen tragischen Absturz stirbt, hatte er 40 Luftsiege errungen. Bis heute wird sein Tod in einem pompösen Ehrenmal in Dessau-Roßlau jährlich geehrt.

Mein Vater hat diese schweren, unverdienten Rückschläge mit größter Beherrschung und Tapferkeit bei ständigem, lebensgefährlichem Einsatz als Aufklärungsflieger den ganzen Krieg über ertragen. Sein Privatleben später war getrübt durch eine schwere Lungenkrankheit (infolge eines Absturzes, 1916, dessen Verwundung nicht ausgeheilt wurde) und lange finanziell entbehrungsreiche Jahre – mit Familie – in einem nach dem Krieg zerrütteten Deutschland.

Im zweiten Weltkrieg 1939-45, den er als Reserveoffizier mitgemacht hatte, ist er am 25. März 1945 noch gefallen.

Für mich bleibt die Ungerechtigkeit der Schicksale, wie in diesem Fall, ein schweres Problem. Aber ich bin froh, es ausgesprochen zu haben.

Herr Dr. Rieske, Militärdekan beim Boelcke-Geschwader, hatte meinen Vortrag angekündigt mit folgenden Worten: „Einblicke in die Konfliktethik der Fliegerei im ersten Weltkrieg... Gespräch mit einer Zeitzeugin." Die Zuhörer waren entsprechend nachdenklich.

Kein Tag wie jeder andere...
Freitag, 29.04.2022

1) Früh morgens, noch im Bett, WDR 3: Musik-Freude, es gab einmal wieder die „Italienische Sinfonie von Mendelssohn-Bartholdy;
2) Endlich kam der sehr erwartete Anruf einer sehr beschäftigten Dame (RA) die mich Ende der Woche besuchen wird;
3) 16.30 Uhr. Eigentlich war ich nach drei Wochen verabredet mit Jens O., zu Gesprächen über seine schönen Ostertage, seine Arbeit und mein Buch, meine Probleme... Aber: Er kommt nicht mehr! Mein Brief hat ihn provoziert, ich hatte ihn - ziemlich drastisch – um eine Aussprache gebeten, da mich Rätsel in seinem Verhalten irritierten. Darauf ging er nicht ein, sondern meldete sich durch einen Brief für immer aus meinem Leben ab! Ich begriff diese Aussage nicht sofort, sondern erledigte zunächst meinen
4) Einkauf bei REWE: Mit 50,00 € war ich aus dem Haus gegangen, hatte schon 20,00 € woanders ausgegeben.
5) Wie immer verleitet mich REWE mit guten Angeboten zum „Hinlangen", und so stand ich an der Kasse und erfuhr, dass ich fünf Euro zu wenig hatte! Oh Gott, ja, den Kaffee weglassen? ..., aber da hatte schon eine (einfache) Frau, die nach mir kam und die peinliche Situation beobachtete, ihr Portemonnaie gezückt und gesagt: „Ich bezahle die 5,00 €". Ich war total sprachlos, alle Umstehenden

auch. Dann übergab ich der Kassiererin meine Geldbörse und sagte; sie möge doch bitte nachschauen, ob das Kleingeld die Schuld nicht drücken könne? So geschah es, die wunderbare hilfreiche Frau bezahlte nur noch 2,50 € für mich! Da ich einen Blumenstrauß gekauft hatte, ging ich lächelnd auf sie zu, um mich damit zu bedanken. Aber sie lehnte dies ab und sagte nur: „Mein Mann und ich haben Arbeit, wir können das bezahlen!" – Schönes Erlebnis!

Über 1), 2) und besonders über 4) habe ich mich so gefreut, dass 3) mich kaum getroffen hat. Das kam später!

Etwas über Holländer ...

Es ist Karsamstagabend, 16.04.2022, als ich erschöpft vom Tag – ich bin ja 95 ½! – in meinem Sessel sitze und endlich zur Entspannung vors TV komme. Da ich immer nur zappe, stieß ich bei 3sat, passend zur Osterzeit, auf das feierliche Mozart-Requiem aus Salzburg.

Nach einer Weile merkte ich aber, dass mir diese Musik nicht bekam und ich drückte weiter. Wo landete ich? Bei einer schon öfter gesehenen und gehörten Sendung aus Maastricht von und mit André Rieu! Damit war der triste Abend gerettet, denn der ist schon lange mein Spezi!

Wieder diese mitreißende Musik, Freude fürs Auge, das ausgelassene, tanzende, lachende, mitsingende (holländische!) Publikum! Erstklassig erfasst durch erprobte Kameraführung.

Es war wieder für mich diesmal ein anderer musikalischer Hochgenuss, diese fröhliche, technisch hochangesiedelte Darbietung unter ihrem so echt sympathischen, liebenswürdigen Leiter – André Rieu.

Kein Wunder, dass er nicht nur seine Holländer vom Stuhl reißt, sondern alle Welt; er ist ein Zauberer.

Es ist ein tolles Volk, denke ich, die Holländer, und nicht nur wegen A. R.!

Dazu fällt mir nun folgendes ein: Henk und Minneke aus Groningen! 1957 lernte ich sie vis-a-vis in einem Propeller-Flugzeug (!) nach Ibiza kennen. Zusammen mit dem alleinstehenden und allein reisenden Rechtsanwalt Dr. S. hatten wir herrliche drei Wochen auf der einsamen, naturbelassenen Insel und setzten unsere Bekanntschaft später eine Weile in Groningen und Bad Godesberg fort. Schade, dass wir uns aus den Augen verloren haben…

Nun hätte ich noch eine dritte kleine, aber im Gedächtnis voll haftende Episode anzubringen: Als ich Sekretärin in Libyen bei der Außenstelle von Union-Kraftstoff-Wesseling war, die dort nach Öl bohrten, lernte ich auf einer Tanzparty in Tripoli einen sehr netten, hochgewachsenen Holländer kennen, der, gescheit und lustig, viel mit mir tanzte. Wir unterhielten uns prächtig und fanden uns gegenseitig sehr sympathisch, so, dass ich ihn dann später einfach mit zu mir nach Haus nahm! Für eine einzige Nacht und den kurzen Vormittag! Er war Manager auf der Durchreise, ab und zu aber auch Privatmensch und -mann! Was ich sofort kapiert und akzeptiert hatte.
Der Abschied war für uns beide traurig, aber auch kein Drama, ich erhielt einen herrlichen Blumenstrauß, und bald darauf kam auch schon ELB um die Ecke.

Dürener Nachrichten …

… vom 11.01.2023

Neulich, sagt die Frau am Telefon mit sehr klarer Stimme, habe es in einem Kommentar in der Zeitung (ohne die sie nicht leben könne …) geheißen, dass es immer noch Zeitzeugen gibt, die viel erzählen können, über Zeiten, die längst der Vergangenheit angehören. Zeiten, die keineswegs leicht waren, die aber auch sehr viel Gutes hatten. Sie arbeite, sagt die Frau, seit längerer Zeit an einem Buch, weil sie viel zu sagen habe über diese Zeiten. Sie müsse sich, sagt die Frau, ein bisschen beeilen mit dem Buch, weil ihre Zeit demnächst ablaufe. Sie sei noch sehr interessiert an allem, was in dieser Welt passiert. Nur begreifen könne sie es immer weniger. Weil es von allem zu viel sei, vor allem zu viel Information. Und weil sie gewisse Dinge nicht mehr einschätzen könne. Zum Beispiel ob das, was der ukrainische Präsident Wolodymyr Selenskyj mache, nur gut sei oder ob man es in Teilen auch kritisch bewerten müsse. Oder ob in Lützerath die Polizei oder die Demonstranten auf der richtigen Seite stünden. „Ich weiß es nicht, das überfordert mich, es macht mich sprachlos", sagt sie. Die Frau ist 96 Jahre alt. Man will es nicht glauben.

… vom 23.03.2023

Besuch (bei) der alten Dame. In dem Fall ist die Verwendung des Adjektivs alt nicht despektierlich gemeint, sondern einfach nur angemessen. Zwar ist die Frau im Sessel gegenüber 96 Jahre alt, ihre geistige Frische jedoch bemerkenswert. Zwei Stunden lang erzählt sie ohne Punkt und Komma aus ihrem bewegten Leben, über die Bedeutung der Bücher, der klassischen Musik, über die Themen Kultur und Bildung. Sie sei in Sorge, was diese Themen angehe. Dabei sei gerade Bildung für junge Menschen so wichtig. Allein schon, weil die Punkte und die Kommas an die richtige Stelle gehörten. Wie übrigens das Herz an den rechten Fleck. Das sei das Wichtigste überhaupt.

Zwei Beweise dafür, dass mir der Chefredakteur des Medienhauses Aachen, Thomas Thelen, nicht nur telefonisch seine Aufmerksamkeit geschenkt hat, sondern auch am 20.03.2023 in persona!
Es war eine große Bereicherung **für mich**! Danke!

Wiederbegegnung mit einem besonderen Menschen

Warum besonders? Nicht nur, aber auch, weil er der Chefredakteur der riesengroßen Medienlandschaft in und um Aachen ist, verantwortlich für jede geschriebene Zeile seiner zahlreichen hochkarätigen Redakteure/Journalisten.

Ich bekam mit ihm Kontakt durch meine spontanen Zuschriften auf seine brillanten Artikel, aber besonders auf seine täglichen „Tagebuch-Notizen", von denen mich viele - nicht alle - ins Herz trafen ... Meine Zuschriften haben ihn zu handschriftlichen Dankesbriefen, Telefonaten und sogar am 20.03.2023 zu einem Besuch bei mir animiert...

Ich beziehe die „Dürener Nachrichten" genau seit dem 28.02.2007. Nun gab es die Möglichkeit, **Thomas Thelen** am 17.08.2023 hier in Düren bei seiner Lesung über sein Buch „Merkwürdige Zeiten - Corona 2020 - im Rahmen der „Kulturellen Veranstaltungen der Stadt Düren" wiederzusehen. Da zögerte ich nicht und ließ mich von einem Taxi abends ins Dürener „Haus der Stadt" fahren.

Ich schildere diesen Abend genau wie er verlaufen ist: Sehr rechtzeitig betrat ich mit meinem Rollator den kleinen Saal und setzte mich sofort - der guten Verständigung wegen - nach vorne an den Rand der Bühne.

Nach einer Weile kam eine blonde Dame mittleren Alters, die mir bereits aufgefallen war wegen ihrer sommerlichen Kleidung (kniekurzes Kleidchen, stabile nackte Beine zeigend!) zu mir, begrüßte mich freundlich, zog einen kleinen Tisch heran und stellte darauf eine Flasche Wasser (gegen Bezahlung) aus der Bar. Ich war begeistert über einen solchen Service!

Es verwirrte mich, als sie danach gegenüber von Thomas Thelen an einem runden Tisch Platz nahm - und die Lesung leitete. Thomas Thelen begann sie in normaler ruhiger Sprache, aber nach kurzer Zeit musste ich feststellen, dass ich (ohne Hörgerät!) seinen Ausführungen akustisch nicht voll folgen konnte. Misère, traurige Erkenntnis! Was tun? Meine Intuition diktierte mir sofort, die Pause still abzuwarten (eine Stunde), dann Thomas Thelen ehrlich mein Dilemma zu bekennen und „vorzeitig das Lokal zu verlassen"…

Bis dahin hatte ich viel Zeit, Thomas Thelen und die nette Dame (mit übereinander geschlagenen nackten Beinen) zu betrachten. Er hatte sich irgendwie verändert. Sein Haar! Normalerweise graumeliert, jetzt zartlila-weiß gegelt! Das darf doch nicht wahr sein. Wer hatte ihm so etwas aufgeschwatzt? Diesem Naturfreund, der morgens um drei Uhr schon (mit Hund) in Wald und Flur unterwegs ist. Diesem scharf denkenden, von allen so verehrten Literaturkenner? Doch war jetzt nicht die Situation, dies zu klären…

In der Pause - endlich – erzwang ich mir mit meinem Rollator den Weg zu dem Umringten, der mich freundlich begrüßte, sagte ihm kurz, was zu sagen war. Er war echt betroffen, wollte mich trösten, da ich ja weiterhin an der Lesung nicht teilnehmen konnte, vor allem aber an der anschließenden „Aussprache" - zu der ich viele Fragen gehabt hätte und schlug vor: „Ich komme Sie besuchen"... Das lehnte ich ab, seine Zeitnot kennend, und warf nur ein: „Aber ich wollte doch wenigstens Ihr Buch kaufen!?" Was dort offensichtlich nicht vorgesehen war.

Darauf antwortete er spontan: „Dann schenke ich Ihnen meins" und gab mir sein Lese-Exemplar! Dies war wahrlich eine schöne Geste und Trost für meine biologisch bittere Erkenntnis sowie für den verkorksten Abend.

Ich ging zum Ausgang, wo ich die dort noch sitzende Empfangsdame bat, mir das Taxi für die Rückfahrt zu bestellen (ich besitze kein Handy!). Dabei konnte ich meine Frage stellen, wer die so freundliche blonde Dame nun endlich sei. „Ja, das ist unsere Chefin, wir lieben sie alle, sie ist sehr tüchtig und charmant und kann sich ihre oft unkonventionelle Art leisten; sie ist Holländerin, war Lehrerin und hat zwei Doktortitel!" Da war ich platt. Und schämte mich fast meiner spießigen Gedanken. Aber Titanen können oft auch einmal Zwerge sein!

Ich habe zu Hause, noch am Abendbrot kauend, sofort Thomas Thelens Buch „Merkwürdige Zeiten" zu lesen begonnen, Prolog und Epilog, 30 Seiten, mit Genuss über „Inhalt und Stil", aber dann war es mit meiner Spannkraft zu Ende, nach diesem erlebnisreichen Abend...

Die Haartracht von Thomas Thelen konnte ich bis heute nicht eindeutig klären, da fast ein Jahr vergangen ist und ich ihn nur noch auf Fotos sehe.
Ich glaube jedoch, darauf erkannt zu haben, dass er sein Haar inzwischen wieder natürlich grauweiß-gemischt trägt - was doch für jeden Mann nahe 60 höchst attraktiv ist. (Es sei denn, die brutale Änderung seiner, meiner, unserer papiernen Tageszeitung lässt ihn vorzeitig weiß werden...)

Andenken an Angelika Heck (1959 – 2022)

Ich lernte sie in meinem Haus in Rugendorf kennen im März 2006, als sie mit ihrer Schwester per Auto zu mir kam, um evtl. meine kleine Katze „Liliput" zu übernehmen, wie ich durch eine Zeitungsannonce erhoffte.

Denn ich hatte mein Traumhaus verkauft und wollte mit dem blinden Kater Filou und viel Gepäck im Auto einen neuen Lebensabschnitt – wieder im Rheinland – beginnen.

Angelika hat mir sehr, sehr geholfen, indem sie Liliput zu sich genommen hat, die Zeit drängte und niemand hatte sich auf die Annonce hin gemeldet.

Das war das einzige Mal, dass wir uns begegneten. Aber wir blieben per Telefon und durch Briefe in Verbindung – bis zum Jahr 2022, als ich erfuhr, dass sie am 6. Oktober gestorben war! Ich war entsetzt.

Ich ahnte nicht, dass es so schlimm um sie stand.

Da ich schnell herausgefunden hatte, dass sie in sehr schwierigen finanziellen Verhältnissen leben musste und mit 50 Jahren ihre Stelle als Zimmermädchen in einem kleinen Hotel in Bayreuth verlor, weil es zumachte, hatte ich sofort damit begonnen, sie monatlich zu unterstützen (16 Jahre lang, per Überweisung mit Grüßen, nicht durch automatische Abbuchung).

Ihre Dankesbriefe habe ich alle aufgehoben, da sie, fehlerlos geschrieben, wertvoll durch gedankenreiche

Tiefe und Menschenkenntnis, auch durch starke religiöse Bindung, einmalig sind!
Uns verband vor allem unsere große Tierliebe, und wir lebten beide in der Hoffnung, dass unsere Katzen vor uns sterben würden. Nun ist sie tot!
Seither denke ich täglich an diese Angelika und fühle, dass sie das spürt und es ihr – und mir – gut tut …
Lange hat mich nichts mehr so erschüttert wie der Tod dieser Frau, die allein gestorben ist, was sie so wollte: Sterben wie Gott es für sie bestimmt hatte, allein mit oder ohne Schmerzen, tapfer bis in den Tod.

Wir hatten beide nicht allzu viel Glück mit unseren Familien…, lebten ja beide allein.
Vielleicht ist Maxi ja auch inzwischen bei ihr?
Wieder einmal bin ich entsetzt über die Ungerechtigkeit des Lebens:

Traurige Gedanken ohne Ende…

Meine letzten Bemühungen ihr zu helfen, nachdem sie mir telefonisch von einer plötzlichen Kürzung ihres schmalen Sozialhilfebetrags berichtet hatte, war, den Oberbürgermeister von Bayreuth anzuschreiben, einfach so, in einem kurzen Brief:

„Sehr geehrter Herr Oberbürgermeister Ebersberger, bitte nehmen Sie meine Worte ernst und geben Sie diesen Brief – mit Ihren positiven Anweisungen – weiter an die zuständige Stelle!

Frau Heck ist in Gefahr und hat keinen Lebenswillen mehr. Ich kann dem nicht tatenlos zusehen. Und schäme mich, dass wir Rentner 5% einfach so dazubekommen...

Dieser Brief kostet mich Anstrengung – und Mut! Möge er nicht umsonst geschrieben sein!

Eine gute Nachricht würde auch mir mehr Lebenszeit geben.

Hoffend, dass auch Sie Ihr schweres Schiff tapfer durch diese schlimmen Zeiten steuern können, bin ich mit Dank und freundlichen Grüßen

Christa Siegling (95,6) "

Sie hat noch miterlebt, dass ein Fehler berichtigt wurde und sie eine Nachzahlung erhielt!

Ich war sehr glücklich darüber und habe dem OB – schriftlich – sehr gedankt für sein schnelles Handeln…

Liebe Frau Siegling   27.7.022
Wie Sie sehen können, habe ich Ihren Brief und die Karten schon erhalten. Und in der Sparkasse war ich auch. Vielen lieben Dank für alles! Sehr schön haben Sie geschrieben. Aber bitte bitte ärgern Sie sich nicht, wenn sich da nichts tut. Beim Sozialamt ist man nur eine Nummer, für Einzelschicksale interessieren die sich nicht. Selbst wenn sie nochmal prüfen, werden sie immer wieder zum gleichen Schluß kommen, daß alles seine Richtigkeit hat. Es liegt ja beileibe nicht nur am Geld, daß ich des Lebens überdrüssig bin. Steigern Sie sich nicht so rein in meine Probleme und lassen Sie sich dadurch nicht Ihr eigenes Leben vermiesen. Danke und alles Liebe für Sie
       Ihre Angelika mit Maxi

Sie lebte von 04.04.1959 bis zum 06.09.2022

Begegnung mit Krishnamurti (Januar 1981)

Im Januar 1981 nahm ich an einem internationalen Yoga-Seminar in Süd-Indien bei Madras (am Meer!) teil. Es war hoch interessant, ich erlebte nicht nur die atemberaubende Elite der damaligen indischen Yogalehrer, sondern durch gemeinsame Busreisen auch viele der dort überall vorhandenen, geheimnisvollen Hindutempel kennen.

Auch hörte ich zum ersten Mal von der vor allem in Europa sehr verbreiteten „Theosophical Society", die in Adyar (bei Madras) ihre berühmte Zentrale hatte. Allerdings war sie zu meiner Zeit nur noch eine verehrte Info- und Gedenkstätte.

Ihre Begründer, Annie Besant und Dr. Leadbeater, hatten, auf der Suche nach der Wiedergeburt eines neuen „Messias" 1909 einen jungen Bramahnen „entdeckt", der durch seine „aura of unselfishness" und besonders eindrucksvoll moralisches Verhalten sie bewog, ihn in England aristokratisch auf sein höchstes Amt als „God" für ihre stark angewachsene und finanziell glänzend dastehende religiöse Organisation sorgfältig vorzubereiten.

Am Tag seiner Inauguration 1929 – er war 34 - schockte er seine Anhänger mit der Erklärung, dass er kein „God" sei und nicht als solcher verehrt werden wolle, da er ab sofort nur noch für die „Freiheit des Glaubens für alle Menschen" kämpfen werde ...

Diese Geschichte faszinierte mich so, dass ich mich nach Adyar begab, wo ausgerechnet Krishnamurti mit 85 Jahren persönlich zu Hunderten von Verehrern unter freiem Himmel seine antiklerikale Weisheit – auch über mich – ausschüttete.

Unvergesslich, das alles! Aber einige wenige seiner Worte in kühlem klaren Englisch begleiten und beruhigen mich seither:

„The meditation of a mind that is utterly silent is the benediction that man is ever seeking.
Meditation is really very simple ... it is so very simple that it escapes us, because our minds are so complicated, so time-worn and time-based.

But meditation comes naturally, with extraordinary ease, when you walk on the sand or look out of the window or see those marvelous hills burnt by the last summer's sun. If you could walk alone among those hills or in the woods or in the long, white, bleached sands, in that solitude, you would know what meditation is.

The ecstasy of solitude comes when you are not frightened to be alone – no longer belonging to the world or attached to anything - - -

We do not realise how important it is to be free of the nagging pleasures and pains. It is only the mind that is wholly alone that is open. You feel all this suddenly, like a great wind that sweeps over the land and through you ..."

Krishnamurti (1895 – 1986)

Die wichtigsten Begegnungen meiner letzten Lebensjahre

Heinz Drews lernte ich vor über drei Jahren durch eine Zeitungsannonce der Evangelischen Kirche Düren als ehrenamtlichen Helfer kennen.

Seitdem betreut er mich „gerne" und aus seinem frommen, reinen Herzen. Als zuverlässiger, eleganter Autofahrer - in seinem französischen Schlamm-Auto ohne Festhalteschlaufe oben rechts! - ist er immer da, wenn ich ihn dringend brauche. So auch zu Gesprächen und Unstimmigkeiten des täglichen Lebens, u.a. AOK, Pflegedienst etc. Ab und zu muss er sich mit mir klassische Musik in Konzerten anhören, die er nicht gewohnt ist, aber er hält tapfer durch und behauptet hinterher, dass er doch wieder etwas Neues gelernt habe! Was mich freut.

Auch andere Gebiete sind ihm fremd, wie er ehrlich mit den Worten „ich komme aus dem Pott" erklärt. So hat er sich bisher nie um Gänseblümchen oder grüne Bäume gekümmert, auch die Wolken am Himmel oder z.B. die weißen Rosen in Düren fielen ihm nicht auf...

Seine Stärken sind a) akute Welt- und Tagespolitik und b) Fußball! Zu a) tauschen wir uns aus, zu b) zapfe ich ihn nur nach Borussia Dortmund und den ungeliebten Bayern an.

Herr Drews hätte eine stattliche Figur, groß und schlank, wenn er sich gerade halten würde! Aber er trägt die Last der Welt auf seinen Schultern, wodurch er doch wie ein alter Mann wirkt, obgleich er durch jugendhafte Klamotten und sein verstrubbeltes dichtes weißes Haupthaar eher das Gegenteil erreichen möchte…

Herr Drews ist kein lustiger, unbelasteter "früher Senior" (71), eher ruhig, freundlich, abwartend. Denn er hat kein leichtes Leben hinter sich und wohl auch noch vor sich! Da gibt es schwierige familiäre Gegebenheiten, die ihm Schwung und Lebensfreude nehmen. Erstaunlicherweise (heutzutage!) ist, dass er innere Kraft und Stärke durch seinen festen Gottglauben findet. Ich versuche, ihm aus dem reichlichen Schatz, meiner Lebenserfahrung Mut zu machen und durch Zuhören zu helfen.

Wir brauchen uns gegenseitig, denn er hat mir ver-sprochen - vertraglich festgelegt – mich demnächst/ später „in Würde" unter die Erde zu bringen. Zusammen mit Frau Hecker und der Bestatterin haben wir ein Programm nach meinen Wünschen abschließend zusammengestellt.

Ich hoffe, dass Herr Drews etwas mehr für seine Gesundheit tut (mehr Bewegung, Körperbewusstsein!), damit sein gutes, warmes Herz noch lange schlägt - und wir uns irgendwann später im Himmel wiedertreffen...

Gerda Hecker und ich lernten uns kennen anno 2016 auf einem Festwagen in der französischen Partnerstadt von Merzenich, Quievrechain, anlässlich des Nationalfeiertags am 14. Juli. Da war ich mit 89 Jahren noch fit für solche Ausflüge.

Bis heute ist unsere Beziehung stabil und "fruchtbar" geblieben, wir haben erkannt, dass wir trotz mancher Gegensätze wie Alter, Herkunft, Religion und Partei vieles gemeinsam haben, vor allem einen gesunden Menschenverstand und ein warmes Herz. Zuverlässigkeit, Selbständigkeit, Tüchtigkeit im Alltag und eine sehr soziale Einstellung haben sich daraus ergeben. Wir sind auch beide unbestechlich.

Allerdings kann ich ihr nicht das Wasser reichen, wenn sie im Großen hilft. Hat sie doch vor 18 Jahren in ihrem Ort Golzheim ihr berühmtes "Mittwoch-Seniorenfrühstück" begründet, das sie mit ihren zehn Damen zur Freude von fast 70 alten Menschen regelmäßig einmal monatlich mit viel Fantasie bei der dekorativen Ausgestaltung bis heute durchführt. Hierfür erhielt sie als große Anerkennung im Jahr 2015 die Bundesverdienstmedaille der Bundesrepublik und wurde bei allen, nicht nur regionalen politischen Größen mit Recht bekannt und beliebt.

Sie wurde vor 77 Jahren in Augsburg geboren, mit ihren Eltern zog sie 1953 nach Golzheim, wo sie feste dauerhafte Wurzeln schlug. 1965 heiratete sie ihren Mann Martin Hecker. Zu der in Bayern verheirateten Tochter hat sie engste Beziehungen, um die ich sie stark beneide, weil sie in festen Abständen von dort herrliche Blumensträuße erhält.

Beruflich hat sie neben Haushalt, Mann und zwei Kindern lange bei der Post gearbeitet, woher ihre genauen Kenntnisse im Büro und Schreibwesen, heute Computerbeherrschung, stammen. Sie ist in fast allen Sätteln gerecht, auch eine perfekte Autofahrerin, und kümmert sich gerne und viel um ihren großen Garten, vermehrt seit sie verwitwet ist. Zum Glück hat sie einen guten Sohn an ihrer Seite.

Kurz, sie ist ein Ausnahmemensch! Aber sie wäre es nicht, wenn sie nicht in schwerster Form großes Leid und herbe Enttäuschungen erlebt hätte. Gesundheitlich ist sie leider weniger stabil, muss auch ständig Schmerzen aushalten, was sie sich aber nicht anmerken lässt. Ich bin stolz darauf, dass sie mir in unseren Gesprächen meine Fragen nach ihren "dunklen Seiten" auch offen beantwortet.

Zum Schluss schätze ich mich glücklich, dass sie, zusammen mit meinem Betreuer, Herrn Drews, ihren hohen Sinn und Verstand einbringen wird, um mich demnächst/später nach meinen Wünschen zur letzten Ruhe zu begleiten. Möge sie noch lange segensreich wirken und ihre große Hilfsbereitschaft anderen Menschen zuteilwerden lassen!

Beruf Bonn

Meine allererste Berufstätigkeit in einem deutschen Büro (1955/56)

Bei der KOWE-Niederschachtofen GmbH in Bad Godesberg, dem Ingenieurbüro D. Sch.

Nach der (schuldlosen) Scheidung 1955 stand ich, 29 Jahre alt, mit meiner Schwester, 19 Jahre alt, sozusagen vor dem Nichts. Wir lebten in unserem kleinen Haus Annettenstraße Nr. 11 von meiner Schwester Waisenrente, vermieteten Zimmern und von meinen minimalen Einkünften aus Gelegenheitsarbeiten, dennoch fröhlich und guten Mutes.

Da kam Dr. Ing. W., der Vater von Claus W., einem Freund meiner Schwester, auf die Idee, ich sei gescheit genug, um im verwaisten Büro seines Kompagnons – Ingenieur Sch., in dessen Haus nahebei kleine Büroarbeiten zu übernehmen.

Er sei viel unterwegs und brauche eine zuverlässige Person, die die Stellung hielte.

Ich nahm allen Mut zusammen, denn Herr Sch. war eine beeindruckende, gutaussehende Persönlichkeit; geschieden, mit zwei Kindern und Haushälterin (und einer fernen Geliebten?), in einem hübschen Haus in Bad Godesberg lebend.

Er war jovial zu mir, auch bald zufrieden mit meiner Arbeit. Als er eine Zeit später mit seiner Borgward „Isabella" gen Süden in Urlaub fuhr, telefonierten wir fast täglich geschäftlich miteinander. Seine Rückkehr verzögerte sich lange und unangenehm durch eine Blinddarmoperation. Während des Krankenhausaufenthaltes schrieb ich ihm in Briefen, was zu berichten war, aber auch, um ihn aufzuheitern.

Schreiben war, schon von der Schule her, meine Spezialität.

Als er, wieder hergestellt, zurückkehrte, wurde unser Verhältnis lockerer und echt vertrauensvoll. Er hatte mir gestanden, dass meine Briefe ihn sehr beeindruckt und ihm viel Spaß gemacht hatten.

Er führte mich nun aus, ins Kino, auch zu seinen Freunden, und – nahm mich eines Tages in den Arm und fragte mich, ob ich ihn heiraten würde ...

Ich war sprachlos, überwältigt: Sollte ich nach all den Schwierigkeiten in meinem jungen Leben in einen sicheren Hafen einlaufen?

Obgleich er 23 Jahre älter war – aber sehr jungenhaft wirkte und viel Unternehmensgeist bewies – sagte ich „Ja".

Eine Weile schwebten wir im siebten Himmel; Dr. W. und meine Schwester waren skeptisch.

Nach einigen Wochen gemeinsamen Glücks, aber ohne intime Beziehung, was mir nicht wichtig war, bemerkte ich bei ihm eine Veränderung.

Um es kurz zu machen, sagte er mir, dass er den Schritt, den er sehr gern getan hätte, nicht machen dürfe! Seine Kinder, seine Freunde, (die ferne Geliebte?), der Altersunterschied etc. etc.

Mir brach eine Welt zusammen! Ich ließ mir vom Arzt Beruhigungspillen verschreiben und betrat sein Haus nie mehr.

Er spendierte mir ein Monatsgehalt, damit fuhr ich nach Sylt, um mich abzulenken. Was auch gelang.

Denn bald danach begann meine steile Karriere beim Bundesministerium der Verteidigung, wo mir alsbald einige Männer – unerwidert! – zu Füßen lagen …

Es gibt aber noch ein Nachwort zu Sch.: Etwa ein Jahr später, nach der doch schmerzhaften Trennung, fuhr ich wieder, allein, nach Sylt. Ich lief am Strand entlang und dachte bei mir, dass es doch schön wäre, wenn er jetzt hier plötzlich auftauchen würde.
Ich blickte auf und – da saß er im Strandkorb, allein, und starrte mich an …
Von da an hatten wir eine gute Zeit zusammen, er war sehr spendabel, und es gab auch ein wenig Sex in den Dünen des FKK-Strandes.
Wieder zu Hause in Godesberg öfteres Treffen und einmal ein schickes Hotel rheinaufwärts…
Aber nein, es sollte einfach nicht sein!!
Und da lag ja auch für mich mit Anfang 30 noch so viel anderes, Interessantes vor mir!
„There are plenty of fish in the sea!"

Me too!!! (1957)
auch eine wahre Geschichte

Ich war nach kaum einem Jahr im Bundesministerium der Verteidigung Bonn (BAT 8) hinaufgeschleudert worden zur zweiten fremdsprachlichen Sekretärin (BAT 6), beim ersten deutschen Viersterne-NATO-General (mit Doktortitel!) in Fontainebleau/Frankreich. Wahnsinn!

Fand mich schnell und gern in die internationale Atmosphäre ein, spürte auch angemessene Zurückhaltung und große Neugier bei Engländern und Franzosen. Der General lobte meine Arbeit und sah mich gern. Ich war damals 31 Jahre alt.

So gern, dass er mich nach einigen Monaten guter Zusammenarbeit zu sich nach Hause „befahl". Seine Frau war in Deutschland. Der Fahrer holte mich ab …

Ich war überrascht, es gab keine Arbeit, sondern interessante Unterhaltung und kalte Getränke bei der großen Hitze damals (1957).

Dr. S. war ein sehr gebildeter und für mich ein sehr zu respektierender Vorgesetzter.

Er bestellte mich ein zweites Mal, diesmal schon mit dem Vorschlag, ich solle ein kühles Bad in seinem Badezimmer, ebenerdig, nehmen (die Hitze hielt an).

Das lehnte ich strikt ab, ging jedoch darauf ein, meine Füße im kühlen Nass zu erfrischen. Er kniete dabei vor mir, trocknete sie ab! Eine irre komische Situation.

Wieder kühle Getränke, und ade! …

Wie sollte das weitergehen? Ich hatte die Stelle meines Lebens, wollte sie behalten?! Das nächste Mal müsste Schluss sein, aber wie?

Ich wurde wieder geholt, dann nach kurzer Begrüßung aber aufgefordert, mit ihm, dem unattraktiven Sechziger, in sein Schlafzimmer „nach oben" zu gehen.

Oben bat er mich, mich auszuziehen!! Hilfe!

Er nestelte an meinem Kleid, da fasste ich mit aller Kraft seine Hände und sagte wörtlich: „Herr General, machen Sie es mir doch nicht so schwer!"

Das brachte ihn zur Raison, er nahm meinen Kopf in seine Hände, gab mir einen Kuss auf die Stirn, und sagte: „Bischt e feiner Kerl!"

Oh Gott, ich hatte gewonnen!!

Dachte ich! Nach kurzer Zeit wurde ich vom Vorzimmer versetzt in die unteren Ränge und mit der Begründung, meine COSMIC-Überprüfung sei nicht abgeschlossen, nach Bonn zurückgeschickt!

Mein erster Gang war zu meiner alten Einheit, dem Attaché-Referat.

Dort packte ich aus – und wollte kündigen, da ich glaubte, mein Ruf sei geschädigt etc. etc.

Aber man versicherte mir, ich sei bezüglich des Herrn Generals kein Einzelfall und solle bitte beim Bundesministerium der Verteidigung bleiben, man kenne mich und wolle mich behalten.

So blieb ich also, machte dort meine Sprachprüfung und blieb bis 1963, weil mich ab dann das neue Deutsch-Französische Jugendwerk in Rhöndorf lockte…

Eines meiner schönsten Zeugnisse

Dr. Erwin D e n z

Ministerialrat
im
Bundesministerium der Verteidigung

Z E U G N I S

Frau Christa S i e g l i n g war als Verwaltungs-
angestellte der Vergütungsgruppe VIb, später Vb BAT
vom 15. Februar 1960 bis 9. Februar 1964 in einem
von mir geleiteten Haushaltsreferat des Bundesver-
teidigungsministeriums tätig. Es war zunächst ihre
Aufgabe, Übersetzungen in NATO-Finanz- und Haushalt-
angelegenheiten zu fertigen und bei Verhandlungen
als Dolmetscherin für Englisch und Französisch zu
fungieren. Später wurde Frau Siegling als Sachbearbeiterin für Ausbildungsangelegenheiten mit einem
selbständigen Arbeitsgebiet eingesetzt.

Frau Siegling hat bei ihrer Arbeit Initiative, Fleiss
und Können gezeigt. Sie hat bewiesen, dass sie selbständig arbeiten kann und grosses Einfühlungsvermögen
besitzt. Ihre Leistungen waren erheblich über dem
Durchschnitt und können uneingeschränkt als gut be-
zeichnet werden.

Als Mensch und Kamerad hat Frau Siegling dank ihres
fraulichen Charmes und ihrer humorvollen Art einen
belebenden und wohltuenden Einfluss über das Referat
hinaus ausgeübt. Ihr Fortgang wird allgemein bedauert.

Bonn, den 15. August 1964

226

Das Deutsch-Französische Jugendwerk (DFJW) 1963 -1965
Office Franco-Allemande pour la Jeunesse (OFAJ)

Aufgrund meiner guten Französisch-Kenntnisse (acht Jahre Schule) hat man mich 1963 vom Verteidigungsministerium Bonn abgeworben, wo ich acht Jahre gearbeitet hatte.

Dies war etwas Neues, Interessantes, Erfreuliches! Ich wurde bei der soeben gegründeten Organisation – Sitz in Rhöndorf, rechtsrheinisch, Nähe Konigswinter – der Sportabteilung zugeteilt, hatte einen „Sportchef", der mir gewogen war, aber kein Wort Französisch sprach.

So wurde ich die „Leiterin" der ersten Zusammenkünfte von französischen und deutschen jungen Leuten (sog. „stages"), obgleich ich keinerlei pädagogische Ausbildung hatte, aber man mir durch meine offene, vertrauenerweckende Art sowas zutraute.

Ich habe die besten Erinnerungen an meine vier „stages", die mit Skilaufen im Schwarzwald mit 20 Teilnehmern (m/w 20/20) begann, über eine Reiterei am Niederrhein (m/w 10), einem Segelfliegerkurs in Hessen, Hirzenhain (m 8) und einem größeren Treffen der Arbeiterjugend im Ruhrgebiet (m/w 30) endete.

Es hat niemals Schwierigkeiten gegeben. Im Gegenteil, die Treffen haben alle erreicht, was man erhofft hatte: die existierende gegenseitige Unkenntnis zu mildern und Neugier und Erwartungen auf das Nachbarland zu stillen. Überall, wo wir „tagten", kamen die Gemeinden gastfreudig und neugierig auf uns zu, ich musste viele Reden halten und übersetzen, wir wurden eingeladen und erhielten Geschenke... Unsere Partner waren meistens sprachlos über das zerbombte, wieder aufgebaute Nachbarland, wo alles so reibungslos organisiert und sauber war (damals!)

Es war bemerkenswert, wie eindrucksvoll die verschiedenen Eigenschaften oder Neigungen unserer beiden Länder bei den Abschiedsveranstaltungen zum Ausdruck kamen: Es gab Lachsalven, wenn die Franzosen eine Blinddarmoperation bis in alle Details vorführten, andererseits lernten sie mit uns zwei wunderbare Kanons zu singen, deren kurze Texte ich auf eine Tafel geschrieben hatte:

„Hejo, spann den Wagen an,
denn der Wind treibt Regen übers Land,
hol die goldnen Garben, hol die goldnen Garben"
und
„Abendstille überall,
nur am Bach die Nachtigall
singt ihre Weise, klagend und leise
durch das Tal. "

Es klappte vorzüglich und statt der „deutschen Sentimentalität" zeigte sich bei unseren Freunden echte Ergriffenheit.

Schön, dass ich dies alles erleben durfte.

Dr. Mende, International Overseas Services (IOS) – Prof. Grzimek – Friedrich-Ebert-Stiftung (FES) 1969 - 1978

Nach Libyen zurück aus Kreta, arbeits- aber nie hoffnungslos! Erstmal ausruhen in der Annettenstraße, mit Katze Lieschen – ein Idyll und immer ein totaler Ruhepunkt!

Studieren der Zeitungsannoncen, **da war was**:

„IOS-Verwaltungsrat" sucht Chefsekretärin mit Sprachen". Was war das? Und wer steckte dahinter? Eine riesige, neue Investment-Firma aus U.S.A (Berni Cornfeld!), Sitz in Bad Godesberg, Chef: Dr. Erich Mende, der seiner FDP „ade" gesagt hatte! Ich bekam die Stelle und konnte sehr gut mit Dr. Mende und seinem Assistenten in der elegant ausgestatteten Villa zusammenarbeiten. Aber leider machte „der Laden" pleite, nach zwei Jahren, und ich verlor meine investierten 1.000 DM und meine Stelle!

Dr. Mende hatte mir ein sehr gutes Zeugnis ausgestellt, so dass ich in kein Loch fiel.
Das Bundeskanzleramt unter Willi Brandt hatte eine neue Stelle geschaffen, „Bundesamt für den Naturschutz" – mit dem Chef – Prof. Dr. Grzimek!!

Das war was für mich! Mit fliegenden Fahnen übernahm ich die Stelle, lernte den berühmten Chef kennen und arbeitete dann für seinen Stellvertreter, Dr. E., der aber

„ein Naturbursche" war, ohne Kenntnis der bundes-
deutschen Bürokratie und Verwaltung. Die Zusammenarbeit bestand darin, dass ich täglich nur an der Schreib-
maschine saß und stillose, mit der Hand geschriebene
Antwortbriefe (meistens Absagen!) an Fragesteller
tippen musste. Ein Horror für mich! Der Brief, den ich
aus Verzweiflung an Prof. Grzimek geschrieben habe,
mit meiner Kündigung(!), existiert noch. Große
Enttäuschung! Auch Prof. Grzimek, der das kleine Büro
in Bonn nur sehr nebenbei geleitet hatte, zog sich bald
zurück, und der schöne Versuch, die Natur in die Politik
zu bringen, scheiterte total!

Wieder arbeitslos! Diesmal holte ich mir zum ersten Mal
(1971) Hilfe beim Arbeitsamt! Die gaben mir sechs
Wochen Arbeitslosengeld und verhalfen mir zu einer
neuen Stelle bei der Friedrich-Ebert-Stiftung! Als Chefsekretärin beim Leiter der Auslandsabteilung, Herrn B.,
was zu einer sehr guten Zusammenarbeit führte. Heute
noch besitze ich einige Erinnerungsstücke, die er mir
von seinen vielen Reisen als Anerkennung mitbrachte.
Er hatte mich ja auch auf meine Bitte ins Ausland
geschickt, nach Singapur, wo ich sicher die interes-
santeste Zeit meines Lebens verbrachte.

Nach Rückkehr von dort ging ich – mit Gehaltserhöhung
ab 1978 zur Deutschen Forschungsgemeinschaft DFG –.
Das war meine letzte Stelle und schwerste berufliche
Herausforderung! Aber ich schaffte sie und konnte am
10. Januar 1987 meine sehr umfang- und
abwechslungsreich gestaltete Abschiedsparty mit 40
Gästen im Muffendorfer Kelterhaus feiern. Es ging dabei

„türkisch" zu, mit sehr gutem Essen, Bauchtanz (!) und vielseitiger geistreicher Unterhaltung
Tempi passati.

Weiter geht's endlich mit der großen Freiheit, dem „vorgezogenen Ruhestand", kurz nach dem ich 60 geworden war! Halleluja!

Und Neubeginn in Oberfranken!

Geburtstags-, Ruhestands- und Abschiedsparty

Seit meinem "ersten Aufruf" sind so viele Monate vergangen, daß sich nunmehr herausge- stellt haben müßte, ob die Zusage einer Teil- nahme an meiner TRIPLE-PARTY GRA*) am

Sonnabend, dem 10. Januar 1987

gewagt werden kann oder nicht. - Ich hoffe von ganzem Herzen, daß inzwischen niemand ernstlich erkrankt ist, oder sich andere schwerwiegende Gründe aufgetürmt haben, die ein Kommen in Frage stellen.

Um alles gut vorbereiten zu können, müßte ich in nächster Zeit möglichst konkrete Angaben zur Teilnehmerzahl erhalten; bitte seid so gut und ruft mich bald an (0228/37 88 14) oder schreibt ein Postkärtchen!

Natürlich ist auch die Frage der Übernachtung zu regeln: wer Quartier braucht, möge es mich wissen lassen - einschließlich Sonderwünschen.

Hier nochmals der (schöne) "Ort der Handlung": Diederichs' KELTERHAUS in Bad Godesberg-Muffendorf, Gringsstraße, Plan anbei...

Zum Ablauf der Festlichkeiten ist an folgendes gedacht:

Beginn 18 Uhr mit Begrüßungstrunk, lockerem Herumstehen oder -sitzen und

Vorstellung der Gäste. Dazu möge sich jeder ein Verslein (zeitlich gestrafft) einfallen lassen, mit Hinweisen auf die Art der Beziehung zur Jubilarin...

Abendessen gegen 19.30 Uhr; anschließend "frohes Bei- sammensein mit Einlagen..."

+ + + + + +

Die Beherzigung folgender Hinweise ist mir ganz besonders wichtig:

1. Bitte keine Geschenke mitbringen! ICH will mich ja endlich überall revanchieren! Außerdem werde ich in Kürze meinen Haus- halt drastisch reduzieren, so daß ich rein garnichts Materielles mehr gebrauchen kann!

2. Bitte NICHT ÜBER POLITIK REDEN! Es gibt Bußgeld (DM 5,--) pro Nase wo erwischt wird!

3. Auf jeden Fall aber gute Laune mitbringen und "posi- tive Gesamteinstellung"zur TPGRA (was nicht identisch sein muß mit "gesteigerter Erwartungshaltung"!)

4. Da Karneval in der Luft liegt - und auch so - wird jede originelle Idee zur Erheiterung der Anwesenden b e g r ü ß t .

Zunächst wünsche ich jedoch allen meinen lieben Gästen einen milden Winter, eine gemütliche Adventszeit, ein frohes Weihnachtsfest und einen guten Jahresbeginn 1 9 8 7 !

*) Geburtstag
   Ruhestand
     Abschied...

Es freut sich ganz besonders
auf Dich
Euch
Sie

Deine
Eure
Ihre

Christa

Schwierige Zusammenarbeit mit Frau Dr. B.

Ich war seit 01.04.1978 Sachbearbeiterin bei der Deutschen Forschungsgemeinschaft (DFG) in einem neu geschaffenen Referat „Senatskommission für Krebsforschung" unter der Leitung von Frau Dr. B.

Jahrelang hat sie mir als meine Chefin das Leben schwer gemacht. „Mobbing" war damals noch kein fester Begriff!

Ich charakterisiere sie wie folgt:

- Sehr unordentlich – Schreibtisch wird verlassen in voller Unordnung, auch wenn längere Zeit abwesend
- Niemals konsequent (Blumen gießen, ab und zu)
- Eine Sache wird nicht voll durchdacht, sondern in Auftrag gegeben, dann später geändert, komplettiert, Verteilung erweitert. Selten präzise Angaben
- Schreiben werden manchmal abgezeichnet, manchmal nicht (meistens nicht)
- Nie mit Datum abgezeichnet
- Akten werden auf Ausgang (für mich) gelegt, ohne dass vermerkt ist, was damit geschehen soll
- Meistens wird kein Kreuz gemacht, wenn Zeitschriftenmappen weiter in den Umlauf gehen sollen... („das kann meine Sekretärin machen")
- Große Nachlässigkeit mit Akten, sie werden auseinandergerissen, zerknittert, schlampig auf den

Aktenbock geworfen... („dafür habe ich ja eine Sekretärin"???)

- Es ist kein Bemühen festzustellen, die Arbeit der Mitarbeiterin leicht(er) zu machen oder die Zusammenarbeit erfreulich zu gestalten
- Die Attitüde „damit gebe ich mich nicht ab, dafür ist meine Sekretärin da" ist stets zu spüren, manchmal denke ich, dies ist der Dame angeboren. Sie hat mit Sicherheit noch keine „Sekretärin" wie mich gehabt, daher hat sie sich nicht die Hörner ablaufen können; ihre Haltung erklärt sich aus ihren Jahren in Nigeria, wo sie mit einem dunkelhäutigen Professor verheiratet war, sicherlich mehrere schwarze Dienstboten hatte
- Große Launenhaftigkeit, bis zur Wehleidigkeit (Stimme versagt, ...)
- Unberechenbarkeit; immer ist das Bedürfnis zu spüren, sich nicht festzulegen
- Misstrauisch. Nach Auftragserteilung an mich stets noch Telefonate mit den Stellen, mit denen ich mich in Verbindung setzen muss, wie Fahrbereitschaft, Reisekostenstelle, etc.
- Vorbereitung von Dienstreisen kann zur Qual werden, da immer wieder Veränderungen und neue bzw. günstigere Möglichkeiten „durchprobiert" werden müssen. Mein Rennen zur entfernten Reisekosten-Stelle und zum Fotokopiergerät spielt keinerlei Rolle – in diesem und anderen Zusammenhängen
- Erstaunliche Diskrepanz zwischen extremer Pingeligkeit und „Großzügigkeit" hinsichtlich der äußeren Form von Briefen

- Meist gebrauchtes Handwerkzeug ist „flüssiges Tipp-Ex"
- Sauber geschriebene Originale werden mir oft nicht zur Korrektur zurückgegeben, sondern mit Tipp-Ex selber handschriftlich verändert
- Knauserigkeit – gibt nie für Betriebsrat, jede Möglichkeit Geld zu bekommen, wird ausgenutzt (siehe Umtauschaktionen von Moneten für erste Auslandsreise nach Argentinien!) Unglaublicher Aufwand für die Mitarbeiterin
- Hat noch nie nach einem Geburtstag der Mitarbeiter gefragt
- An- oder Nachfragen bei anderen Referenten lässt sie meistens mich machen; dies wird meiner Meinung nach oft nicht gut aufgefasst
- Kann hart arbeiten, wenn es sein muss, nimmt sich aber enorme Freiheiten heraus
- Manchmal sehr vergesslich
- Ich habe sie sehr oft bei der Verdrehung der Wahrheit erlebt, auch in kleinen, unwichtigen Dingen
- Sie kann sehr schnell arbeiten, doch muss man stets mitdenken, da die Schnelligkeit auf Kosten der Genauigkeit und Präzision geht
- Kein froher, ausgeglichener Mensch, sondern meistens „gebeugt" von Schwierigkeiten, mit denen sie fertig werden muss
- Hat kaum jemals eine gute Meinung über andere Menschen
- Hartes Durchsetzungsvermögen, wenn sie etwas erreichen will. Sie erreicht es **immer**. Allerdings

praktisch nie, ohne jemanden vor den Kopf zu
stoßen oder „auszutricksen"
- Hohe Intelligenz
- Grobe Hände (auch im übertragenen Sinn)

Nach zwei Jahren änderte sie ihr Verhalten mir
gegenüber, da sie nur einen befristeten Vertrag auf drei
Jahre hatte und ihr gekündigt wurde… (mein Vertrag
war unbefristet).

Noch zu „Deutsche Forschungsgemeinschaft"

Ab November 1982 bis Dezember 1986 war ich im Pressereferat – allein und selbständig – für den (gigantischen) Jahresbericht (JB) zuständig:
Zwei Bände, Bd. I „Tätigkeitsbericht" ca. 370 Seiten und Bd. II „Programme und Projekte" mit über 1000 Seiten, einzeln aufgeführt.

Die Aufgabe reizte mich, auch, da sie von mir totalen vielseitigen Einsatz verlangte.

Da ich zuvor bei der DFG drei Jahre für die „Senatskommission für Krebsforschung" unter einer sehr schwierigen, studierten Chefin gearbeitet hatte, kannte ich die finanziellen Gehaltsunebenheiten dieser Dienststelle genau: Bis kurz vor meiner Einstellung (1978) hatte noch jeder Angestellte automatisch die sogenannte „Ministerialzulage" erhalten, ein hübsches Sümmchen; aber die wurde plötzlich gestrichen, so dass es von da an auf allen Ebenen die „mit" und die „ohne" gab. Dies führte bei meinem permanenten Großeinsatz zu dem, was man heute „Frust" nennen würde.

Um den abzubauen, schritt ich zu einer verwegenen Tat und fügte in einem der ersten heiligen Tätigkeitsberichte, in dem ja ständig von Förderung die Rede war, im Inhaltsverzeichnis das Wort **„Verdauungsförderung"** (in Absprache mit der Druckerei) ein! Und ging erstmal, erschöpft, drei Wochen in Urlaub.

Als ich zurückkam – und ein Donnerwetter erwartete, blieb alles ruhig, und ich erfuhr, dass man fast überall darüber gelacht hatte. Auch mein direkter Vorgesetzter ließ mich zwar kommen und fragte, wie das Wort da reingekommen sei, aber als ich sagte, ich wüsste das auch nicht mehr, entließ er mich – und ich begann bald wieder mit der mühseligen Arbeit am nächsten JB.

Doch von da ab – und weil man mir die erbetene Gehaltserhöhung verweigerte – brachte ich in jedem JB, diesmal im Bd. II mit den Tausenden von Projekten eine kuriose Fantasie-Eintragung hinein, wie z.B. „Heilige Kühe, Erforschung ihres elitären Verhaltens". Das war mein kleiner „bleibender" Triumph - bis heute!

Hierhin gehört noch die folgende Geschichte: Bei meiner Tätigkeit im Sprachendienst des Bundesministeriums für Verteidigung in den siebziger Jahren hatte ich von Herrn R. erfahren, dass es Glück brächte, wenn man in ein neu verlegtes Buch ein Fantasiewort hineinschmuggeln würde. Er arbeitete seit langem an einem hochkarätigen, technischen Deutsch-Französischen Wörterbuch, darin findet man:

„Trigentialpapender/machin, truc"

Herrlich! Und das hat mich inspiriert!

Beruf Ausland

Neun Monate in England (1954) Teil 1

Mein erster Auslandsaufenthalt! Ich war 27 Jahre alt, meine Scheidung lief und ich hatte mich auf etwa zwei Jahre eingestellt und vorbereitet, nahm daher den riesen Überseekoffer unseres Urgroßvaters Franz Schultz mit, jetzt im Keller von Nr. 7, Burgstraße 12a, Merzenich. Ungewöhnlich, aber irgendwie logisch – oder?

Meine erste Stelle war über Freunde vermittelt worden, nicht über eine Agentur (deutsche Au-pair-Mädchen standen hoch im Kurs im damaligen UK). Da ich bitterarm war, kam ich per Zug und Schiff dort an, die Kosten wurden erstattet. Ich wurde bei einer dortigen Agentur angemeldet, die uns „überwachte". Mrs. H., eine sehr betuchte Witwe, deren Mann Deutscher gewesen war, bewohnte eine entzückende kleine Villa in Bognor-Regis (Südengland) am Kanal.

Als ich ankam, blühten die Osterglocken und Blue Bells. Ich war glücklich über mein neues Leben und begann es mit vollem Einsatz. Sprachschwierigkeiten gab es nicht. Meine erste Arbeit früh am Tag (7:00 Uhr) war, „to clean the grate", den Kamin sauber zu machen (also eine Drecksarbeit). Dann das Frühstück vorbereiten, was deshalb ein Kunststück war, weil so Vielerlei zur gleichen Zeit hergestellt und fertig sein musste. Als da waren: Tee, Kaffee, Eier, Porridge, Fisch (Skippers = Räucherlachs), Toast…

Ich durfte selber mit am Tisch essen, hatte aber für den kleinen eigenen Hunger keinen Zugang zur Speisekammer. Um es kurz zu machen: Ich habe 12 Pfund abgenommen in den drei Monaten bei Mrs. H.

Ein Highlight war, wenn ihre verwitwete, wohlhabende, freundliche Schwester da war, der ich leid tat. Sie liebte - wie ich - Musik und nahm mich plus Mrs. H. einmal mit zu einer Aufführung der Matthäuspassion, die wie folgt in einem entfernten Ort stattfand: Es wurden Pausen eingelegt, so dass das Publikum sich erholen und Picknick machen konnte! Ich hatte dafür alles vorher vorbereiten müssen, ziemlich zwiespältig, da doch unser großer Johann Sebastian Bach derlei sicher nicht im Sinn hatte, als er sie schuf...
Aber: Andere Länder, andere Sitten!

Nach ca. drei Monaten kündigte ich mit 14 Tagen, hatte mir aus der Zeitung eine neue Stelle in Ealing (London) besorgt, wo ich statt 11 pounds 20 pounds pro Monat bekommen würde. Bei Abmeldung auf der Agentur sagte man mir, ich sei nicht die Erste, die dort abgebrochen hätte.

Der Überseekoffer hat natürlich in Ealing erneut Staunen hervorgerufen, aber er wurde akzeptiert.

England (1954) Teil 2

In Ealing, einem hübschen Vorort von London, warteten drei Personen auf mich: Mr. Emery, Mrs. Emery, beide Mitte 50, und der große Sohn Bobby. Eine kleine Villa mit Gärtchen, ein schönes großes Auto. Der Vater war einer der Direktoren von „His Masters Voice", der berühmten Platten-Herstellungsfirma mit dem Markenzeichen: ein weißer Hund sitzt lauschend vor dem Trichter-Grammophon.

Mrs. Emery war eine verblühte Schönheit, die wegen schwerer Arthritis ihre Hände - zumindest nicht mehr zum Klavierspielen - benutzen konnte. Sie lief in einem schäbigen, z. T. kaputten Morgenrock herum, ließ sich fünf- bis sechsmal morgens den Tee ans Bett bringen und stand nicht vor Mittag auf.

Aber sie lehrte mich, Englisch zu kochen. Ich war eine aufmerksame Schülerin und bewunderte, dass sie das Essen klug nach den wichtigsten Bestandteilen wie Kohlehydrate, Eiweiß, Stärke, Fett und Zucker plante und entsprechend einkaufen (durch ihren Mann, samstags) und von mir nach genauer Angabe zubereiten ließ. Sie nannte ihren Mann „man". Es versteht sich von selber, dass nur Gutschmeckendes und Gesundes auf den Tisch kam. Es machte mir Spaß, da mit einzusteigen. Ich staunte jedes Mal, wenn ich an die Speisekammer (the larder) ging. 1. durfte ich mir daraus nehmen, was ich für den eigenen kleinen Hunger brauchte, und 2. war das ein Schlaraffenland:

Alle Gewürze des englischen Weltreiches waren da in Päckchen oder Gläsern, stets dreifach hintereinander, angeordnet. Ich musste melden, wenn ein Teil fehlte. Auch der Eierkauf hatte System, denn ich hatte das Datum des Kaufs auf das Ei zu schreiben! - Super! Normalerweise kaufte „man" einmal wöchentlich groß ein, aber manchmal schickte Mrs. Emery mich auch los, um Fehlendes zu besorgen. Einmal sollte ich Äpfel kaufen, Cox Orange, brachte schöne, dicke nach Hause, da sagte sie: „Christa, Sie müssen nie die dicksten kaufen, die mittleren haben immer mehr Aroma!" Seitdem halte ich mich daran.

„Man" brachte meistens ein „leg of lamb" (Lammkeule) zum Wochenende nach Hause, ich lernte, zunächst das Fett abzutropfen und aufzufangen und dann das große Stück Fleisch 2 ½ Stunden im Herd garen zu lassen. Dazu gab es die herrliche „mint sauce", die ich selber herstellte aus kleingehackter Pfefferminze (aus dem Garten) plus feinem Spezial-Essig, plus Zucker... In dem aufgefangenen Fett wurden die extra kleinen Kartoffeln gegart - super!

Übrigens fand und pflückte ich im Garten zum ersten Mal in meinem Leben Brokkoli!

Mr. Emery gab seiner Frau wöchentlich Haushaltsgeld, manchmal war es etwas knapp geworden, dann schickte sie mich los und ich kaufte allerfrischeste Heringe und es gab „fish and chips": köstlich, gesund und billig - super!

Besonders schön war, wenn Mr. Emery eine neue Schallplatte, immer Klassik, vorzugsweise Klavier, für seine Frau mitbrachte. Dann freute sie sich, wenn ich darum bat, sie mit anhören zu dürfen. So wuchs ich immer mehr zu einer „Haustochter" bei Emerys heran und wurde auch stets mittwochs zum Kino mitgenommen. Dafür bereitete ich nach Anweisung einen feinen Picknickkorb u.a. mit den berühmten englischen „sandwiches" vor und zwischen stets zwei Filmen konnten wir uns - gut gelaunt - stärken. Nochmals: Andere Länder andere Sitten!

England (1954) Teil 3

So hatte ich quasi in meiner zweiten Stelle den Himmel auf Erden, verdiente so viel, dass ich mir ein sehr schickes Kostüm kaufen und an freien Tagen London ansehen konnte. Sehr oft spazierte ich zur National Gallery, wo der Eintritt frei war, aber auch alle sonstigen Sehenswürdigkeiten, vor allem aber Kew Gardens, suchte ich auf.

Eines Tages begann mir der Hals weh zu tun, oh Gott, die alte Sache? Abszess? An einem Sonntag „in town" erkundigte ich mich in einem Drugstore und erhielt den dringenden Rat, ins nahe Krankenhaus zu gehen. Dort bestätigte mir ein dunkelhäutiger (indischer) Arzt, dass ich gleich dableiben müsste, damit er mir den Abszess aufmachen könne…

So wurde ich professionell mit Narkose von den Schmerzen befreit und zu meinem Bett geführt, in einen riesigen Saal mit 40 Betten. Abgeschirmt durch Stellwände, hatte ich mit Stuhl und Ablage für Klamotten ein „Einzelzimmer". Allerdings hörte ich öfter rufen: „Sister, bed pan!" Und in der ersten Nacht starb gleich neben mir eine Patientin, aber ich wurde bestens und freundlich versorgt. Die Schwestern kamen aus Irland und Neuseeland und tagsüber besuchten mich neugierige, aber mir Mut zusprechende Patientinnen aus dem großen Saal. Mrs. Emery kam bald und brachte mir, was ich brauchte. Nach drei Tagen konnte ich nach Ealing zurückkehren, um eine

Erfahrung reicher, wie Krankenservice in UK bestens (damals, vor fast 70 Jahren) funktionierte - kostenlos!

Die gute Zeit in Ealing musste Ende November 1954 jäh abgebrochen werden, weil mein Onkel, der Bruder meiner Mutter, mich dringend zurückrief, da meine Mutter schwer erkrankt sei...

Ich armes Ding reiste nun per Schiff und Zug – mit dem riesigen Überseekoffer! (inzwischen ein blödes Hindernis) wieder in die alte Heimat zurück, wo meine Mutter mit 56 Jahren am 19.12.1954 an Lungenkrebs starb. Sie wurde am 23.12.1954, meinem Geburtstag, in Bad Godesberg beerdigt.

Mit meiner noch nicht ausgesprochenen Scheidung hatte sich eine sehr unangenehme Wendung ergeben, aber darauf komme ich später zu sprechen.

Leider brach die Verbindung mit Emerys durch die anstehenden Probleme ab.

Überfahrt in die Neue Welt (Oktober 1965)

Anlass war der Vorschlag (Wunsch!) meiner amerikanischen Freunde, Professor Ellis D., die 1963 ein Jahr bei mir in der Annettenstraße als ideale Mieter gewohnt haben, auch ihr Land Kalifornien einmal kennenzulernen. Etwas für mich Unerreichbares oder doch auch Verlockendes?

Zu der Zeit arbeitete ich für das neu gegründete Deutsch-Französische Jugendwerk und war enttäuscht, von der Leitung der ersten sehr erfolgreichen Begegnungen deutscher und französischer jugendlicher Sportler abkommandiert zu reiner Verwaltungsarbeit worden zu sein. Eine „Studierte" nahm meinen Platz ein. Außerdem hatte ich meine langjährig aussichtslose Partnerschaft gelöst, und so willigte ich ein, dass Ellis D., Professor für Air Pollution, versuchen sollte, mir dazu den Weg zu ebnen in seiner University of California, Riverside.

In der Tat realisierte sich das Projekt fast ohne Schwierigkeiten und relativ schnell, so dass ich zum Semesterbeginn im Herbst 1965 schon meine Stelle als „Leiterin des Deutschen Hauses" in Riverside antreten konnte.

Es fügte sich zeitlich, dass ich mir erlaubte, in Rotterdam eine Überfahrt per Schiff zu buchen, auch, um ein paar Tage der Erholung nach Aufbruch und vor der großen Veränderung zu haben.

Die „Maasdam" war schon fast ausgebucht, so dass ich nur tief unten im Schiffsbauch noch eine Kabine erhielt und zu meiner Überraschung und zum Trost einen großen Strauß roter Rosen vorfand, von meinem Ex-Partner.

Nach einer schlaflosen Nacht sagte ich dem Stewart, ich könne da nicht bleiben und er fand für mich den vierten freien Platz in einer angenehmen Kabine oben mit Frischluft, den ich gerne mit drei Studentinnen aus Amerika einnahm. Wir verstanden uns gut und hatten acht gemeinsame Tage Überfahrt nach New York vor uns, saßen auch bei den Mahlzeiten am gleichen Tisch.

Nach einem Zwischenstop in Galway/Irland gerieten wir in Windstärke 8, die alles etwas ins Rutschen brachte (mich nicht), aber danach blieb die See ruhig.

Eines Mittags lag auf meinem Esstischplatz ein Brief des Kapitäns (!) mit der Einladung zum „Captain's Dinner" an einem der nächsten Abende.

Aufregung pur! Nicht nur für mich! Wir wählten mein schönstes Kleid aus, in roter Moiréseide etc. etc., und dann saß ich an der Seite von Kapitän Scalé mit lebhafter Unterhaltung an der Abendtafel. Herr Scalé war ein Hugenotte, grauhaarig, sympathisch, zwischen 50 und 60 Jahre alt.

An dem Abend bot er mir an, wann immer ich Lust hätte, auf seine Brücke zu kommen. Dort würden ein Liegestuhl plus Radio und Getränke für mich bereitstehen.

Wahnsinn! Natürlich habe ich alle weiteren Tage der Überfahrt auf der Brücke der Maasdam verbracht, lud mit Erlaubnis auch meine Schlafkameradinnen und andere Tischgenossen dazu ein.

Ein Erlebnis besonderer Art war natürlich die Einfahrt in New York, vorbei an der Freiheitsstatue, hinein in die neue Welt!

Aber mir war beklommen zu Mute!

Irgendwie war USA nicht mein Herzensziel, „das Schicksal" (Ellis D.) hatte mich dahin entführt! Am liebsten wäre ich mit Captain Scalé wieder zurückgefahren…

Doch da wartete Johanna, eine liebe Cousine, die PanAm-Stewardess war, auf mich und holte mich zum Flugplatz ab, von wo ich nach Los Angeles flog.

Dort standen meine Freunde Ellis und Delight, nahmen mich freudig in die Arme – und bei sich auf.

Die acht Monate in Riverside waren – enttäuschend. Ich lernte eine Seite der Neuen Welt kennen, die mir sehr fremd war, überhaupt nicht zu meiner Herkunft passte und mich oft abstieß! Ich vermisste alte Steine und – Kultur!

In vier einzelnen Kapiteln habe ich diese Eindrücke näher erläutert.

Ich bedaure aber bis heute, dass ich den Kontakt mit Darleys – nicht absichtlich – doch durch mein folgendes unruhiges Leben, verloren habe.

Weihnachten in Amerika - Teil 1

Seit Oktober (1965) war ich Leiterin des „Deutschen Hauses" an der University of California zu Riverside/USA. Für Studenten, die die deutsche Sprache (und Kultur) kennenlernen wollten, war diese Stelle über die Vermittlung von meinen amerikanischen Freunden neu eingerichtet worden. Es gab bereits das Spanische und das Französische Haus. Ich hatte etwa 35 junge Leute, männlich und weiblich gemischt, aus allen Schichten (Riverside war keine Privatuniversität) zu betreuen und möglichst sprachlich voranzubringen. Zwar hatte ich keine Ahnung von Pädagogik und Lehrtätigkeit, aber Ellis D., Professor im Fach „Air Pollution", meinte, ich könnte das...

Ich ging in meiner offenen Art freundlich und interessiert auf jeden einzelnen jungen Menschen zu. Wir wurden zu einer kleinen Gemeinschaft dadurch, dass ich mit den Mädels im Dormitory in einem 08/15-Einzelzimmer wohnte. Auch die gewisse Konkurrenzsituation zum Französischen und Spanischen Haus begünstigte unseren Zusammenhalt.

Das Language Department der Uni rief nun zwischen den Sprachhäusern einen Wettbewerb aus, bei dem wir eine symbolische Darstellung des Weihnachtsgedankens auf die Beine stellen sollten. Wer gewann, bekam ein Preisgeld. Es gab dazu eine kleine Dollarsumme für die Anschaffung von Material.

Mrs. Siegling hatte eine Idee, die sofort bei allen einschlug: Wir bauen ein deutsches Weihnachtsdorf wie in den Alpen auf!

Mit gemaltem Hintergrund der beschneiten Berge in einer Sternennacht entstanden auf weißen Betttüchern mehrere kleine Häuser und eine Kirche aus Pappe, es gab auch grüne Zweige, aber wegen Feuergefahr keine offenen Kerzen. Der Clou war die elektrische Beleuchtung aller Gebäude und die kunstvoll versteckt angebrachte deutsche Weihnachtsmusik!

Die Jury war von dem Anblick beeindruckt. Unser Aufbau hatte etwa 1/3 des Zimmers unserer Lounge (Aufenthaltsraum) eingenommen.

Wir bekamen natürlich den Preis!

Weihnachten in Amerika - Teil 2

Mrs. Siegling fand bei ihren Freunden (Prof. D.) offene Ohren, um „deutsche Weihnachtsplätzchen" en gros in ihrer Küche zu backen. Der geschmackliche Unterschied zu einheimischen Plätzchen war uns allen längst vorher krass aufgefallen!

Es folgte Mrs. Sieglings Einkauf im ersten Supermarkt ihres Lebens... „What kind of flour?" - Ich musste den (farbigen) Helfer fragen, da es sicher 10 verschiedene Sorten Mehl gab. Aber der Erfolg war riesig.

Zu Weihnachten wurde ich vom 24. auf den 25.12.1965 von Prof D. zu ihnen nach Hause eingeladen. Der Weihnachtsbaum (nicht nach meinem Geschmack) war schon lange vorher aufgestellt worden und immer mehr schön verpackte Pakete lagen darunter. Nach dem Abendessen verschwanden alle, um sich auszuruhen für Mitternacht!

Da kamen sie in Nachthemden, Pyjamas, ungekämmt, aber fröhlich herein und stürzten sich auf die Pakete! Ich bekam auch einige. Jeder war total beschäftigt, das Papier flog herum, es herrschte Karnevalsstimmung.

Da dachte ich bei mir: **Nie** wieder Weihnachten in USA!

Meine Enttäuschung wurde gemildert, als ich einige Tage später bei Freunden meiner Freunde eingeladen war, wo jeder ein Musikinstrument spielte und allein von daher eine andere, fast echte Weihnachtsstimmung aufkommen konnte (draußen war ja stets heißes Sommerwetter).

Nochmal Amerika - Teil 3

Ich berichtete, dass ich mit den Mädchen (Studentinnen) engen Kontakt hatte, weil ich auf einem Flur mit ihnen wohnte und mir mit ihnen in einer Reihe die Zähne putzte.

So erfuhr ich auch um die Weihnachtszeit, dass die Jungen sich einen Spaß daraus gemacht hatten, den Mädchen den geschmückten Weihnachtsbaum zu klauen (= Spaß, lustig?). Halloween hatte ich zum Glück nicht miterlebt!

Als wir (das Deutsche Haus) im Frühjahr den Auftrag erhielten, zusammen mit dem Spanischen Haus „a float", d. h. eine Art Karnevalswagen, zu bauen, beratschlagten wir gemeinsam, woher Wagen und Traktor kommen sollten. Die Jungs sagten einstimmig: „Wie voriges Jahr, wir klauen ihn von der Baustelle XY!" Ich war total anderer Meinung und kümmerte mich sogleich auf ehrliche Weise um die Beschaffung. Ich fand auf dem riesigen Campus genau das, was wir suchten, und sprach den zuständigen Bauleiter an. Das war der freundliche Mr. Himmelblau, der uns sofort die erbetene Hilfe zusagte. Super!

Nun bekamen alle Gruppen drei Nächte frei, um die Wagen herzustellen. Wieder gab es Geld für Material. Aber dann ging nachts der amerikanische Spaß los: Es war üblich, die Konkurrenz aus dem Feld zu schlagen, indem man das Handwerkszeug klaute! Ich hatte von meinen Freunden privat gutes Werkzeug mitgebracht, wovon eins verschwand. Ich war außer mir!

Irgendwie fand es sich dann wieder, zum Glück! (= Spaß?) Unser deutsch-spanischer Wagen stellte einen hünenhaften Torero mit rotem Tuch dar, der dem „Bullen", einem entsprechend aufgemotzten VW-Käfer mit Hörnern und rollenden Augen, kampfbereit gegenüberstand...

Dafür gab es keinen Preis, verständlich. War ja auch schwierig...

Zu meinen Mädchen gehörte Karin O., eine zierliche Blonde, die ich besonders von Anfang an unter meine Fittiche genommen hatte. Sie saß an ihrem Schreibtisch, als ich sie zum ersten Mal traf, in kurzen Pants, so dass ich sehen musste, dass sie am rechten Oberschenkel eine frische tiefe Narbe hatte. Ich war entsetzt und fragte sie, was das sei. Da sagte sie nur: „It's cancer".

Sie teilte das Zimmer mit Helen, die eines Tages zu mir kam und mir ihr teures Mathebuch zeigte, in dem viele Seiten **zusammengeklebt** waren, d. h. es war unbrauchbar geworden... (= Spaß?) Bald fehlte auch irgendwo bei uns Geld und der Stöpsel vom Waschbecken, wo man kleine Wäsche waschen konnte, war verschwunden... (= Spaß?) Postpakete waren nicht angekommen. Dort wurde auch die Wäsche von der Wäscheleine geklaut! Ich verlor Handtücher auf diese Weise...

Kurz: Wir waren ein aufgescheuchter Haufen, einer bespitzelte den anderen, bis ich dem „Dean of Women", einer resoluten Frau, die mich öfter zu sich eingeladen hatte, davon Mitteilung machen musste, dass wir einen „troublemaker" im „Deutschen Haus" hatten. Es stellte sich bald heraus, dass Karin O. auch geliehene Bücher an die Bibliothek nicht zurückgegeben hatte, was zu ihrem Rausschmiss von der Uni führte…

Ich hatte die Nase gestrichen voll von allem und beschloss, kein weiteres Semester in Riverside zu bleiben.

Als ich mich für meinen verfrühten Abschied rüstete, kamen einige Jungs – die Besten – auf mich zu und sagten, ich solle sie mit nach Deutschland nehmen…

Zum Schluss: Amerika - Teil 4

Ich habe auf den vorigen Seiten meine Erlebnisse und Nöte beschrieben, die mich dort (1965/66) überraschten und unglücklich machten.

Damals war ich 40 Jahre alt und noch lange nicht „reif und weise" wie jetzt mit 95!

Heute und schon lange ziehe ich vor den Amerikanern, ihren Soldaten, meinen Hut, nachdem ich über TV und aus eigener Anschauung erfahren habe, wie sie in Europa (Landung 1944 in der Normandie und später überall in Asien) ihr Leben für unsere Freiheit eingesetzt und z. T. in grauenhaften Kämpfen verloren haben.

Als ich von Singapur aus (1974-77) viele Länder in Asien besuchte, erfuhr ich, wie „die Amerikaner" mit totalem Einsatz auch dort Land für Land von den Japanern, die für besonders grausame Taktiken bekannt waren und blutige Spuren hinterlassen hatten, befreiten.

Dies kann und will ich nicht vergessen und möchte hiermit an diese beeindruckenden Großtaten erinnern.

Libyen (1966-1968) - Teil 1

Ich hatte mich bei Union-Kraftstoff-Wesseling auf eine Zeitungsannonce beworben, die eine Direktionssekretärin suchten. In einem Antwortschreiben fragten sie an, ob ich nicht auch Interesse hätte, für sie in das neu gegründete Büro in Tripoli/Libya zu gehen, wo sie vier Öl-Konzessionen erworben hätten?

Ich sagte sofort Ja, nach dem enttäuschenden Amerika, und traf in Bonn den zukünftigen Leiter des Büros, Dipl.-Ing. H. Er musterte mich (wir musterten uns!) und waren einverstanden.

So flog ich im Herbst 1966 nach Tripoli und fand dort ein brauchbares Büro und die drei Herren, Ingenieur H., Mahmoud (Übersetzer) und Absalam (Bote), vor, außerdem für mich privat einen schönen Bungalow außerhalb der Stadt mit Garten und Garage (für meinen später ankommenden VW-Käfer). Das Haus lag an einer breiten, sandigen Allee aus riesigen Tamarisken-Bäumen, an deren Ende man das Mittelmeer blinken sah!

Die Arbeit und das Verhältnis zu Ing. H. waren erfreulich, auch später mit seiner Familie.

Libyen war damals noch ein „unaufgewecktes" Königreich unter „Idris", das heißt, für uns ein biblisches arabisches Land mit sehr deutschfreundlichen Einwohnern, das jedoch zumindest in der am Meer gelegenen Hauptstadt Tripoli keines europäischen Komforts entbehrte. Ich habe dort nichts vermisst, nicht mal rheinisches Schwarzbrot! Ich kaufte mir alsbald bei einem indischen Juwelier schöne tropfende Zuchtperlen-Ohrringe (dieser Schatz wurde mir aus meiner Wohnung in Merzenich gestohlen, von einer Pflegekraft, als ich zehn Tage im Krankenhaus lag...), später einen von Nomaden in der Wüste gewebten bunten Teppich aus Wolle.

Schönste Erinnerungen an Libyen sind unsere (Öl-Leute) Ausflüge an den Wochenenden ans Meer, oft zum nahen Sabrata, aber vor allem zu dem ferneren (berühmten) Leptis Magna, wo unglaubliche Römer-Reste zu bestaunen waren. Die Kombination von uralten Steinen, Säulen und Mosaikböden – auch den genialen Toilettenanlagen – mit Meer, Sonne und Einsamkeit, war einzigartig.

Auch die Fahrten in die Wüste zu mehreren Autos und mit köstlichem Proviant, die Begegnung mit den Tuaregs und ihren herrlichen Kamelen sind unvergesslich.

Zweimal habe ich mit jeweils einer anderen netten Kollegin die lange, aufregende Fahrt in die Cyrenaica gemacht, immer in Meeresnähe, vorbei an Cyrene! Und überall die Begegnung mit großer Geschichte und alter Kultur - ein Traum!

Das Klima habe ich gut vertragen, ab und zu gab es den Wüstensturm Ghibli, der rötlichen Sand in alle Ritzen blies.

Ich hielt mich damals gesund durch viel draußen sein und Schwimmen, viel Obst und – keinen Alkohol.

Obgleich Libyen damals noch ein rückwärtsgewandtes, armes, aber friedliches Land war, hatten Ölfirmen aus aller Welt begonnen, Fortschritt und Wohlstand durch die riesigen Ölvorkommen (von besonderer Qualität) einzubringen.

Dann brachte sich Gaddafi an die Macht, aber den habe ich zum Glück nicht mehr erlebt, mein Vertrag lief zwei Jahre.

Erwähnen möchte ich noch, dass ich dreimal nach Malta in Urlaub flog und englisches Flair, aber auch wieder grandiose Geschichte – und Urgeschichte erlebte.

Auch Sizilien lag nahe und beeindruckte mich – mit Dr. Riecke von „Tigges" - gewaltig…

Ich ärgere mich in Libyen - Teil 2

Nachdem wir seit Okt. 66 unser Büro in Tripoli, Libya in gutem Einvernehmen führten – der Chef, Herr H. Mahmoud, Übersetzer und Verbindungsmann, Absalam, der Bote, und ich - ereignete sich für mich folgendes:

Alle Freunde, Besucher und Kolleginnen erzählten mir, dass mein Chef, Öl-Ingenieur Herr H., zu Karneval 1968 eine große Party in seinem Haus veranstalten würde. Als der Termin näher rückte, waren alle, die ich kannte, dazu eingeladen, außer mir (!), der guten, braven Seele des Büros!

Auch hatte der Chef seine beiden (netten) Kinder kurz vorher noch einmal bei mir zur Aufbewahrung abgegeben, was uns gegenseitig Freude machte, aber von der Party wurde nicht gesprochen...

Das Fest fand rauschend statt. Später, die Büroarbeit lief weiter, ohne ein Wort zu mir vom Chef.

Verständlich, dass ich sehr sauer war. Und da mein Vertrag Ende Oktober 1968 auslief, war von da ab das sehr gute Verhältnis zwischen uns zu Ende. Ich „rächte" mich insofern, als ich an einem Sonntag, da ich mit Freunden zu einem Ausflug verabredet war, den Dienst verweigerte, den er kurzfristig von mir verlangt hatte.

Ich hatte Zeit, rechtzeitig zu kündigen und trat Ende Oktober 1968 meine einmalige Rückreise über Malta per Schiff nach Piräus und Kreta an, mit neuem Lebensmut und großer Vorfreude auf weitere Abenteuer...

Noch zu Libyen - Teil 3

Irgendwann erhalte ich einen Luftpostbrief mit dem Absender: „Christa Siegling, Bonn-Bad Godesberg, Tulpenbaumweg" - Was ist **das** denn?

Es klärt sich wie folgt auf:

Es gibt in der Tat eine zweite Christa Siegling in Bad Godesberg! Sie arbeitet im Auswärtigen Amt, wir beide werden bei der Allianz versichert und hatten beide Postbankkonten! Da gab es natürlich blöde Verwechslungen.

Wir lernten uns auch persönlich kennen, aber die Verbindung brach ab, als sie nach USA versetzt wurde…

Tripoli – Malta – Kreta – Athen - München

Ich will meine Leser nicht langweilen mit Reiseberichten, die sie alle selbst vielleicht erlebt haben oder die sie sich auf Knopfdruck hereinholen können. Ich will nur die **Höhepunkte** beschreiben.

1) Tripoli – Malta; nach zwei Jahren Libyen war mein Vertrag zu Ende, und so flog ich im Oktober 1968 frei und glücklich „neuen Abenteuern" entgegen.
Malta kannte ich schon mit seinen unglaublichen historischen Schätzen, und nach Tripoli war es wohltuend, wieder die freundliche, englischgefärbte Atmosphäre dort zu erleben. Einige Tage hatte ich Zeit dazu, dann kam ein kleiner Frachter, die „Briseis" aus Norwegen „vorbei" und nahm mich mit bis Piräus.
Die dreitägige Seefahrt auf dem ruhigen Mittelmeer, bestens umsorgt von Kapitän und Crew, war eine reine Freude. In Piräus gab es traurigen Abschied vom Kapitän – mit seiner Einladung zum Essen und – einem Rosenstrauß, dann brachte mich die große Fähre hinüber nach Kreta (Heraklion).
2) Dort hatte ich bei Privatleuten ein Zimmer gemietet und war auf eine gebildete Familie gestoßen, die gut Französisch sprach. Die Tochter studierte und war Fremdenführerin. Der stärkste Eindruck in Heraklion war das fantastische Museum und – das köstliche griechische Essen, was nie heiß – zu meinem Erstaunen und mit großer Zustimmung – serviert wurde.

Nach der intensiven Besichtigung von Knossos übernahm ich die Erkundung von Kreta in eigener Regie, behielt aber das Zimmer in Heraklion bei. Mit den überall vorhandenen Bussen konnte ich gefahrlos in alle Ecken der Insel gelangen.

3) So erreichte ich Phaestos im Herzen von Kreta, wo gerade ein Gästepavillon seine Türen geöffnet hatte und ich drei Tage bleiben konnte. Der berühmte Palast von Phaestos lag vor meiner Tür, ich durchstreifte die herrliche Gegend und war immer wieder überwältigt vom üppigen Grün, der bergigen Landschaft und dem kühlen Klima.

Der Besuch von Matala an der Küste ist mir auch noch fest im Gedächtnis, weil ich dort von den Hippies so freundlich aufgenommen wurde. Sie kamen meistens aus USA und bewohnten die dort vorhandenen historischen Höhlen in der Felsenlandschaft.

4) Die nächste Fahrt frühmorgens ging nach Ayos Nikolaos an der Ostküste von Kreta. Dort nahm ich den letzten Bus der Saison, der mich als **einzigen Fahrgast** in die Hochebene von Lassithi fahren sollte, wo Zeus angeblich geboren sein soll und die vielen Windmühlen einst für die Landwirtschaft genutzt wurden.

Diese Fahrt mit Conductor und Ticket Collector war abenteuerlich, wie man sich denken kann. Manchmal führte die Strecke ins Gebirge haarscharf an tiefen Abgründen vorbei, so dass ich vorher aus Protest ausstieg, aber die jungen Männer hatten dafür Verständnis und lachten nur. Wir hörten unentwegt griechische Musik im Radio, die Stimmung war lustig.

Auf freier Strecke gerieten wir in eine große Schafherde, der Fahrer hielt an, sprach mit dem Schäfer, der ein kleines Lämmchen um seinen Hals trug und mir plötzlich durch das offene Fenster hereingab.

Ich war überglücklich. Was für eine liebevolle Geste! Unvergesslich!

5) Dann ging es weiter in ein Dorf, wo die Mama vom Conductor wohnte. Da stiegen wir alle drei! aus, die Mama bot uns frisch gebackenes Brot – und einen klaren Schnaps an. Frohe Stimmung. Es ging weiter zu einem Gasthaus unter grünen Bäumen. (Spanferkel!), später kamen wir an die Zeus-Geburtshöhle, in die ich nur ungern hinabstieg. Aber ich hatte ja kundige Helfer, die mir bei Ab- und Aufstieg „angemessen" halfen. Die nächste Station war ein Frauenkloster, wo mir sogleich als letztem Gast der Saison eine sehr süße Süßigkeit angeboten wurde, die ich nicht ablehnen konnte.

Leider ging die Fahrt zu Ende. In Ayos Nicolaos nahmen wir drei traurig Abschied, ich übernachtete in einem Hotel und fuhr am nächsten Tag per Bus zurück nach Heraklion, voll der herrlichsten Eindrücke.

6) Mein letztes Abenteuer ging per Bus von Heraklion zum berühmten Kloster „Arkadi" wieder hoch in die Berge. Ich ging mutterseelenallein auf das verfallene Gebäude zu, wo mich auch einige Soldaten und andere (nur) Männer erstaunt empfingen. Alle waren hilfsbereit, boten mir Essen an, führten mich herum,

erzählten mir die Geschichte des tödlichen Widerstandes vor 400 Jahren gegen die übermächtigen Türken und das bittere Ende der totalen Zerstörung und dem freiwilligen Tod der Belagerten.

Irgendwo konnte ich die Nacht ungestört schlafen. Am nächsten Morgen fand ich einen netten Soldaten, der bereit war, mit mir eine Bergwanderung in der traumhaften Umgebung zu machen. Wir verständigten uns auf Englisch und kehrten nach einiger Zeit zu den anderen in der Klosterruine zurück. Man brachte mich noch an den Bus, der mich nach Heraklion zurückfuhr.

Was für ein Tag! Und wie habe ich überall nur Freundlichkeit und Gastfreundlichkeit genossen!

Danke Kreta!

7) Das Ende der drei Wochen auf Kreta kam herbei und ich nahm die Fähre diesmal zurück. Von Piräus fuhr mich der Bus nach Athen – wo ich mir noch einen hellgrauen Nerzmantel kaufte, da der Winter zuhause vor der Tür stand (das blöde Ding habe ich aber sehr bald verschenkt!).

Von Athen aus bin ich dann mit dem „Orientexpress" im Schlafwagen nach München gefahren, was natürlich auch ein besonderes Erlebnis war.

Dort wurde ich freundlich von einem ehemaligen Kollegen abgeholt und konnte einen Teil meiner ungewöhnlichen Solo-Erlebnisse loswerden.

Meine Jahre in Singapur (1974-1977) - Teil 1

Es waren sicher die interessantesten in meinem Leben. Ich war fast 50, als ich sie antrat, doch halfen mir Energie, Neugier und eine robuste Gesundheit, mit den anfänglichen Schwierigkeiten – einer total fremden Kultur, dem tropischen Regenklima, der Riesenstadt mit einer multikulti Bevölkerung, neuen Aufgaben und alteingesessenen Kollegen – fertig zu werden.

Mehr gelitten als ich hat sicher meine Katze „Lieschen", die aus Libyen stammte, bei mir in Godesberg schon sechs Jahre glücklich verlebt hatte und nun mit mir im Flieger einer neuen Heimat entgegenflog.

Doch zu Singapur will ich meine reiseverwöhnten Leser nicht mit Details langweilen, können sie doch diese per leichtem Druck auf ihr Smartphone schnell und gründlich erfahren.

Für mich war wichtig, wie sich die damals 2,7 Millionen Einwohner zusammensetzten: 76% Chinesen, 15% Malayen (die Urbevölkerung), 7% Inder und 1,5% Europäer (Zahlen aus 1989). Und wie sie ihre verschiedenen Kulturen zum Ausdruck bringen. Auch war ich sehr neugierig, so viel wie möglich über den riesigen Nachbarn – China – zu erfahren, über die gerade veröffentlichten „6000 Tonsoldaten", die man in der Grabanlage des ersten Kaisers von China, Chin Chi Huang Di (225 - 274 v. Chr.), gerade gefunden hatte!

Mein Büro war zunächst ein miserabler Ort, in einem miesen Viertel, es gab nur künstliches Licht, und Dreck und Gestank.

Dienstlich hatte ich mit meinem Chef, Dr. R. zu tun, mit der Bürohilfe Dixie und Albert, dem Chauffeur und „Mann für Alles", beide Chinesen, gut Englisch sprechend und hilfsbereit.

Alsbald setzte ich alle meine Kräfte und Möglichkeiten ein, aus dem eines deutschen Büros unwürdigen „Loch" herauszukommen, was mir nach einem halben Jahr vorzüglich gelang. Da zogen wir in die vierte Etage eines mittleren Hochhauses auf der feinsten und berühmtesten Orchard Road in Singapur ein. Auch hatte ich mich früh hilfesuchend an den YMCA, den Internationalen Pfadfinderbund, gewandt, wo ich freundlich – mit fast 50 Jahren! – aufgenommen wurde und Zugang zu netten jungen Einheimischen und deren Veranstaltungen und Sportmöglichkeiten hatte.

Die Verbindung zur deutschen Kolonie lief nur über das Deutsche Konsulat und das sehr nette Botschafter-Ehepaar.

So wurde ich auch dem Grundsatz gerecht, dass man am Äquator nur gesund leben kann, wenn man Sport treibt und nicht dem Alkohol verfällt.

Meine Sportarten waren Bogenschießen, Wasserski im Süd-Chinesischen Meer und – Yoga! Die Geräte wurden gestellt, Yoga lief über einen indischen Lehrer und dessen zahlreiche (winzige) chinesische Schülerinnen. Ich war sofort diesen Übungen und der Philosophie dahinter verfallen und erlernte nach wenigen Monaten den echten Yoga-Sitz!

Eine meiner liebsten Beschäftigungen war, abends eines der zwölf chinesischen Emporien (Kaufhäuser) zu besuchen, wo ausschließlich Waren aus China von sehr jugendlichen singapureanischen Chinesinnen, desinteressiert und schlecht bezahlt, verkauft wurden. Da konnten meine Fantasien vom fernen Asien befriedigt und übertroffen werden, durch Seiden und Stickereien, Gewänder, Batikstoffe, Malereien, Körbe, Sonnenschirme, Scherenschnitte, Lampen, Porzellan, Musikinstrumente, Drachen, aber auch viel (in unseren Augen) Kitsch. Und sehr oft konnte ich nicht widerstehen.

Die Völkervielfalt wurde tolerant gelebt und von der Regierung sehr unterstützt. Dennoch war, nicht zu vergessen, es nicht üblich, dass man gegenseitig Veranstaltungen besuchte. Da mag auch die Religion im Spiel sein, die Chinesen waren (grob) Atheisten und Taoisten (auch Christen), die Malayen Moslems und die Inder Hindus.

So waren auch ihre Gotteshäuser, Tempel und Moscheen hochinteressant und jedem zugänglich.

Eine Quelle reinster Freude waren meine vielen Besuche im gerade erst eröffneten neuen Zoo, wo die freundlichen malayischen Tierpfleger uns erlaubten, mit Tierbabies zu kuscheln oder auch mit größeren Tieren spazieren zu gehen (Orang-Utans, Elefanten).

Nicht zu vergessen ist mein großes Interesse an der traditionellen chinesischen Musik (ohne Chinese Opera!). Oft besuchte ich solche Darbietungen und bewunderte die (ur)alten Instrumente, zur Freude der nicht mit viel Beifall verwöhnten Musiker (= asiatische emotionale Zurückhaltung!?).

Ich hatte ein modernes, schönes Reihenhaus, teilmöbliert, zur Verfügung, nach vorne zur Straße einen kleinen Garten mit Auto-Stellplatz, nach hinten Dschungel mit Bananenbäumen! Überall Steinfliesen und die viel genutzte Möglichkeit, vorne im großen Entrée (und Wohnzimmer), Durchzug zu machen. Es gab nur im Schlafzimmer oben eine Aircon, ansonsten Decken-Ventilatoren.

Direkt neben mir wohnten Chinesen, Vater, Mutter und zwei Töchter, stramm katholisch und freundlich; wir hatten respektvollen Kontakt. Die Mutter fasziniert mich bis heute, weil sie oft, was ich still beobachten konnte, im Stehen nur mit Armeschlenkern offenbar chinesische Gymnastik übte. Heute, mit 95,8, mache ich es ihr nach und versuche (da ich zu nichts anderem physisch mehr fähig bin) dabei richtig zu atmen. Ich spüre echte Erleichterung!

Auf der anderen Seite wohnten interessante Armenier, die später nach Dubai verzogen. Danach kam ein junges englisches Ehepaar …

Von Singapur aus machte ich, wann immer möglich, viele Reisen in die umliegenden Städte und Länder, wie Malaysia (Sumatra dreimal, Malakka und Borneo), Indonesien, (Jakarta, Bali, Borobodur und Jogjakarta, Thailand (Bangkok), Hongkong (zweimal), Philippinen (Manila, Baguio, Okinawa (Japan), Taiwan.
Meine größte Unternehmung war (1976) die Schiffsreise mit YMCA nach Borneo, um den 4000 m hohen Mount Kinabalu zu erklimmen.
Dank meiner guten Gene, einer gesunden Lebensführung, ererbter Abenteuerlust und Neugier war ich in den drei Jahren nie (ernsthaft) krank, meine nette chinesische Ärztin stufte mich ein als „a wellbuilt Caucasean Female".
Zum Abschluss meines Singapur-Aufenthaltes, der eine riesige Bereicherung für mich war, lud ich alle meine Freunde zu einer kleinen Schiffstour ein.
Mein Vertrag wurde nicht verlängert, was ich gerne gesehen hätte, weil wir Auslandskräfte zu teuer wurden... Es gab reichlich gute Ortskräfte! Verständlich!

Zu Singapur - Teil 2

Von Singapur aus machte ich viele Besuche in die Nachbarstaaten, u. a. auch ins nahegelegene, mit dem Auto gut zu erreichende Malaysia.

Wir fuhren am 16.08.1975 zu Dritt über einen Damm „hinüber", ich hatte eine Einladung von Mr. Chen vom Rubber Research Institute zur Besichtigung der Gummi-Versuchs-Plantagen – mit Übernachtung in deren Gästehaus – erhalten.

„Wir", das waren eine befreundete, sehr tierliebende Chinesin Siu Hwa, unsere gemeinsame Bekannte Margarita, eine australische Lehrerin, und ich, in meinem gelben VW-Käfer (lefthand drive).

Alles, was wir durch Mr. Chen, einem malayisierten Chinesen, erfuhren über die Gewinnung von Naturgummi (Latex/Kautschuk), war hochinteressant, aber es soll hier nur am Rande erwähnt werden, da ein anderes Erlebnis an diesem Wochenende viel beeindruckender war.

Auf der Rückkehr am Samstagabend von einer Fahrt ans Meer wurde uns von Eingeborenen am Straßenrand ein gefangenes Tier zum Kauf angeboten. Ich hielt an und kaufte für 20,- $ (malays. Währung) ein winziges, vierbeiniges, geschundenes Geschöpf, das sich später als Baby einer kleinsten Reh-Art (mouse deer) herausstellte…

Siu Hwa nahm es auf ihren Arm, nachdem wir die Beinchen (dünn wie Zeigefinger) losgebunden hatten. Im Gästehaus fanden wir eine Holzkiste, die wir mit Gras auspolsterten, damit das Tier sich erstmal beruhigen konnte. Morgens fuhr ich ins nächste Dorf, um Gemüse zu kaufen, frische Blätter. Es fraß nicht, hatte Durst, mit Nes-Milchpulver und später gekauftem Nuckel kam es langsam zu sich. Über Mr. Chen, der wusste, dass es nicht erlaubt war, ein Tier ohne Tierarzt und Quarantäne nach Singapur hereinzubringen, erhielten wir die Adresse des Tierheims in Johore.

Da bestand aber kein Interesse, der indische Aufseher hatte um 16.00 Uhr Feierabend und verwies uns auf den „Zoo". Doch dieser Ort war so trostlos, dass wir ratlos waren, als ein fremder Mann uns sagte: „Sie müssen zum Sultan Raja Muda (von Johore) fahren." - Wie bitte?

Aber das taten wir, der Mann zeigte uns den Weg. Ein Posten mit Gewehr verwehrte uns zunächst die Einfahrt, der Sultan sei nicht zu Hause, aber wir könnten in der Remise warten, einer riesigen Garage, wo mindestens 15 verschiedene Autos, u. a. zwei Rolls Royce, standen…

Nach kurzer Zeit kam er, selbst einen schweren amerikanischen Wagen fahrend, taumelte heraus, dabei einen dicken Revolver zu Boden fallen lassend… (Oh dear!)

Aber er sagte: „I am not well", widmete sich dann aber sofort unserem Problem und ordnete seinem Tierpfleger an - er hat einen privaten Zoo (hallelujah!) - sich um unseren Findling zu kümmern.

Alsbald stand eine schöne Holzkiste in Form eines kleinen Hauses vor uns, und wir wussten, dass unser baby mouse deer endlich in den besten Händen war! Welch ein Glück!

Wir wurden dann noch durch den Privatzoo geführt, wo wir junge Bären, Rehe, Affen, Wildkatzen und Hunde (Geschenk aus Deutschland vom Nachbar-Sultan!) bestaunen konnten. Zwei verspielte Fischotter liefen, gewöhnt an Leinen, mit einem jungen Malayen an uns vorbei.

Als unser mouse deer vor unseren Augen die ihm angebotenen Blätter zu fressen begann, habe ich geheult!

Inzwischen war auch die Sultanin, eine sehr sympathische Frau ohne Allüren, mit dem jungen Raja dazugekommen und bot uns Saft an.

Der Sultan wollte mir die 20 $ erstatten, aber die sollte er für seinen Zoo behalten.

Wir sollten öfter wiederkommen und unser Tierchen besuchen. Mit diesen Worten wurden wir verabschiedet und fuhren – bei glühender Hitze – sehr beeindruckt und dankbar nach Singapur zurück.

Etwa eine Woche später klingelte bei mir zu Hause das Telefon, eine freundliche Dame sagte, im Auftrag des Sultans von Johore solle sie mir mitteilen, dass unser Findling, das kleine mouse deer, gestorben sei!

Das war nun wirklich das traurige Ende dieser ungewöhnlichen Geschichte…

Zu Singapur - Teil 3

Ich muss noch über ein besonderes Happening aus dem Jahr 1975 berichten, als ich mit meinen YMCA-Freunden unseren aufregenden Trip nach Borneo unternahm. Wir waren 18, die meisten Chinesen, einige Malayen, eine Australierin (34) und ich (48). Der älteste Teilnehmer, Eugene, war 55. Alle totale „Flachland-Indianer", die nun unter einem ungeübten Führer aus unserer Gruppe den Kinabalu auf Sabah[1] (Borneo), dem höchsten Berg (4.100 m) in Südostasien, erklimmen wollten.

Ein winziger Frachter von 4000 t brachte uns in drei Tagen bei ruhiger See nach Kota Kinabalu, der größten Stadt von Sabah; von dort ging es ins „Basislager", wo wir mit Regenponchos und Schlafsäcken ausgerüstet wurden – und ein jeder (wie ich) mindestens 25 kg zu schleppen hatte. Bei allen anderen kam noch reichlich Proviant dazu. Eugene allein hatte acht Konservendosen dabei (die Chinesen haben geschichtlich lange Hungerjahre hinter sich, das steckt ihnen noch in den Knochen). Ich hatte nur Butterbrote und Backpflaumen dabei.

Der steile Aufstieg, zunächst durch Regenwald, erwies sich als riesige Anstrengung, für einige zur Qual. Auf 3.100 m gab es einen Lagerplatz mit einer schäbigen Blechhütte. Da brach Eugene zusammen. Schnell sprang ich ihm zur Seite und erklärte, dass ich auch nicht weiter

---

[1] Borneo, die große Insel, gehört zu Indonesien; SABAH ist eine wichtige Provinz, die aber zu Malaysia gehört.

wollte und gerne mit ihm hier ausruhen und auf die zurückkehrenden Kinabalu-Besieger warten würde… Uns gesellte sich dann noch Sui Hwa dazu, eine sehr nette, zart gebaute Chinesin, die unterwegs einmal von sich gegeben hatte: „I wish I was dead!" Krasser kann man die Aufstiegsmühen nicht benennen.

So versuchten wir nun, es war späte Mittagszeit und die Sonne schien noch, es uns gemütlich zu machen. Eugene musste sich ausruhen, Medizin nehmen, und nachdem Sui Hwa ihm sein Dosenfutter auf einem mitgebrachten Petroleum-Öfchen warm gemacht und uns heißen Tee serviert hatte, ging es ihm schon viel besser.

Der Platz ließ keine Wanderungen zu und bald zog Nebel auf. Im Schutz der Hütte, warm angezogen, erholten wir drei uns und führten gute Gespräche. Eugene war Sohn eines Missionars und gläubiger Christ, er las uns aus seinem Psalmbuch vor…

Sui Hwa kam auch zu sich und erzählte, dass sie – riesige Tierfreundin – jetzt eine Stelle im neuen Zoo von Singapur hätte und darüber sehr glücklich sei. Das hörte ich gern, und unsere Freundschaft wuchs, weil ich später sehr oft den Zoo besuchte und dort – Fotos beweisen es – mit Tierbabys kuscheln und mit Elefanten und Orang Utans spazieren gehen durfte. Die malaysischen Tier-pfleger konnten dies zu Anfang noch erlauben.
So hatten wir genug Gesprächsstoff und verbrachten trotz allem eine gute Nacht.

Am Morgen schien die Sonne, in einem kleinen Bach konnten wir Katzenwäsche machen. Gutes Frühstück und heißer Tee... Wie waren wir fröhlich bei dem Gedanken, dass wir keine Gipfelstürmer geworden waren. Wie würde es den anderen gehen?

Da erhielten wir überraschenden Besuch: Zwei freundliche Männer begrüßten uns und wunderten sich, dass wir in der Blechhütte ausgeharrt hatten, wo uns ja wohl eine zweite Nacht bevorstand.

Sie luden uns ein, mitzukommen, da sie uns eine sehr viel bessere Bleibe bieten könnten: etwas unterhalb sei ihre „Power Station", von wo aus sie für den möglichst störfreien Empfang von Radio oder FS für Kota Kinabalu, aber auch für die Residenz des Sultans von Brunei, verantwortlich seien.

Wir kamen in ein stabiles Haus mit einem kleinen Gärtchen davor, mit Gemüse, ein dritter freundlicher Mensch kam hinzu, und so wurden wir als willkommene Abwechslung richtig verwöhnt.

Was störte, war, dass sowohl Radio und FS mit ziemlicher Lautstärke den Hauptraum erfüllten, meine Chinesen aber weniger darunter litten – sie haben gute Nerven! – und ich zum Glück Ohropax dabei hatte... Ich schlief gut in einem richtigen Bett.

Am nächsten Morgen kam unsere Gruppe - wohlbehalten, aber noch von den Strapazen gezeichnet und durch einen Zettel in der Blechhütte auf unsere neue Bleibe hingewiesen, in der Power Station an.

Großes Hallo, viel Erzählen und heißer Tee, dann der Abmarsch! Bei strömendem Regen!

Aber alle hatten neuen Mut und freuten sich auf die baldige Zivilisation in einem guten Hotel in Kota Kinabalu.

Wir verbrachten noch einige Tage auf der großartigen Insel Borneo, berühmt für Orang Utans und Nasenaffen, die sich uns aber nicht gezeigt hatten, und kehrten dann mit der Malaysian Airlines luxuriös nach Singapur zurück.

Es gibt hierzu noch ein paar Nachworte, die mir wichtig sind:

1) Ich schenkte den „freundlichen Männern" zum Dank für ihre große Gastfreundschaft meinen silbernen Suppenlöffel und könnte mir denken, dass sie ihn irgendwo dort an die Wand genagelt haben, als nicht übliches Souvenir…
Mich erfreut der Gedanke daran bis heute, dass mein Suppenlöffel auf dem Kota Kinabalu gelandet ist!

2) Für Eugene hatte ich noch auf seinen Wunsch hin kleine Geschenke für Frau und zwei Kinder in Kota Kinabalu besorgt. Aber ich hörte von ihm, später, dass er sie nicht mehr in der gemeinsamen Wohnung angetroffen hat, weil die Frau ihn mit den Kindern verlassen hatte! Ich war entsetzt!

3) Ähnliches war auch dem sehr netten Chinesen Richard passiert: Auch er kam in eine verlassene Wohnung! Die Ehe, ohne Kinder, war zu Ende.
Nicht zu fassen.

4) Ich kann nicht umhin, trotz der Dramen, die Frauen, besonders die Frau mit den zwei Kindern, zu bewundern für ihren Mut! Sie sind uns (1975) weit voraus in der Emanzipation, sitzen beruflich fest im Sattel, wenig emotional.

5) Die Männer? Sie taten mir echt leid, waren geschockt, aber auch sie ticken ganz anders, sind fatalistisch eingestellt und haben hoffentlich noch beide ein neues Glück gefunden.

Ich weiß es nicht.

Zu Singapur - Teil 4
Besuch einer internationalen Weltausstellung (Das Meer) auf der Insel Okinawa/Japan

Reiseimpressionen: Abflug Singapore am 20.12.75 mit „C&E Tours" über Taiwan nach Okinawa, Rückflug über Hongkong und Bangkok. Zurück in Singapore am 2.1.1976!

Taiwan - Weihnachten 1975 abends im „Hotel Olympic" in Taipeh

Mit Chinesen unterwegs auf Taiwan... Fünf Tage Fahrten durch dieses wunderschöne Land, mit bizarr hohen Bergen, riesigen Flussbetten ohne Wasser, herrlichen Stränden (das Meer heißt schon „Pacific"), einem gemäßigten Klima und freundlichen, fröhlichen Menschen. Unglaublich, auch hier wächst wiederum alles, Bananen neben Kohl und Kartoffeln, Kiefern neben Palmen, Apfelbäume, Rosen, Hibiskus, Riesen-Mandarinen, Christsterne. Träume von Landschaften am Sun-and-Moon Lake, in Hua-Lien und Taroko hoch im Gebirge, wo die Sonne brennt und dennoch die Luft belebend kühl ist, wo Gebirgsbäche rauschen und Kiefern duften... Was für ein Labsal nach Singapore! Und dann das Museum, mit über 250.000 Schätzen Chinas. Manche Dinge, nein, die meisten, sind „zum Niederknien". So groß ist die Schönheit der Form und das handwerkliche Können.

Die Menschen sind alle zutraulich und haben gute Gesichter, kein Stadtvolk, sondern Bauern auf eigener Scholle. Endlich sah ich wieder dicke fette Hühner, nicht die mageren, armen Kreaturen, schmutzig und in Massen zusammengepfercht in Singapore.

Für Geologen muss dies eine Fundgrube sein: alle Halbedelsteine (Topaze, Mondsteine, Achate, Amethyste, Jade, Tigerauge) werden einem nachgeworfen. Die Ureinwohner, die wir an der Ostküste sahen, erinnerten mich an Indianer und Eskimos. Herrgott, wie kommen alle diese Ähnlichkeiten zustande? Mein Herz lachte auch bei den Früchten, den Super-Mandarinen, den Honigmelonen, Ananas, Bananen und beim Anblick des schönen Gemüses: Rettiche, Zwiebeln, Möhren, Mangold, Pilze, und natürlich zarter chinesischer Kohl.

Die Kinder hier sind reizend und höflich. Niemand **bettelt**. Alle Schulkinder tragen Uniform, dunkelblau, und jedes Kind hat eine aufgestickte Nummer! Die Kleinen haben orangefarbene Hüte und gelbe Schulranzen, was entzückend aussieht. Alle Mädchen haben Bubiköpfe, das scheint Zwang zu sein, und die Jungen Russenschnitt. Schade.

Jetzt ist Winter auf Taiwan, das bedeutet trockene Kühle mit viel Wind, der einem die Backen rötet. Nachts recht kalt. Oft Regen. Zum Glück hatten wir nur am Ankunftstag Regen, als wir die große Busfahrt nach Taichung im Südwesten machten. Danach nur schöne Wintersonne und Tage wie bei uns in einem guten Herbst. Taipeh mit über 2 Mio. Einwohnern ist voller Leben und Treiben. Es soll viel Prostitution und berühmte Massagelokale geben. Kurz, es ist alles sehr viel menschlicher als im raffigen und prüden Singapore.

Wieder bestätigt es sich, wo die Menschen noch Bezug zur Natur haben und sich gegen Kälte und Wetter-Unbilden schützen müssen, gedeihen sie besser, auch charakterlich. – Heilig Abend wurde völlig übergangen, wir hatten einen langen Tag mit Flug an die Westküste und unbeschreiblich schöner Fahrt in die Berge. Am 25.12. war frei.

Ich verbrachte wieder viele Stunden in dem überwältigenden Staatsmuseum außerhalb von Taipeh, wo ich mich nicht sattsehen konnte an den Herrlichkeiten der chinesischen Kultur aus Tausenden

281

von Jahren. Überall sprechen einen die Menschen an, englisch radebrechend. Wenn sie hören, dass man aus West-Deutschland kommt, freuen sie sich. Immer und immer wieder mache ich diese erstaunliche Erfahrung: wir sind sehr hoch im Kurs, wir fabelhaften Deutschen…

Im Radio ist ein köstliches Gemisch von Weihnachtsmusik. Viel Händels Messias, Jingle Bell, Drummer Boy, Silent Night. Soeben Nachrichten in Englisch mit ständigen Verkündigungen, dass die Stunde der Befreiung des Mutterlandes – auf politische, nicht militärische Art – näher rückt…

Mein Gott, manchmal denke ich, ich platze von all den Eindrücken und Beobachtungen alles dessen, was doch total anders ist, als ich es seit fast 50 Jahren kenne. Dagegen war Libyen geradezu heimatlich. Zu erwähnen ist noch: es wird hier entsetzlich viel Kitsch fabriziert, der en gros nach USA, Japan und Australien exportiert wird, unaussprechlich scheußliches Zeug. Und dabei finden geübte Augen doch auch manches Kaufenswerte. Mein Gepäck wird schwer vom Museumskatalog, erstklassigen Postkarten der Museumsschätze, winzigen Teeschalen aus hauchdünnem Marmor, einer Miniatur-Bildrolle mit hinreißenden Darstellungen „von einem Frühlingstag aus dem Leben einer Han-Prinzessin"… Ich bewundere die Taiwanesen, die so zusammenhalten, schwer arbeiten und an eine große (demokratische) Zukunft glauben!

Heute (2024!) ist Taiwan in aller Munde. Der militärische Druck von Rot-China wächst, um die „Ur-Chinesen" heim ins Reich zu holen. Dabei spielen auch „die geraubten Schätze" im Museum eine nicht unwichtige Rolle!

Lieber Gott, bitte lass keinen weiteren Weltkrieg im Fernen Osten zu! Wir Deutsche haben genug damit zu tun, uns aus einem „vor der Haustür" herauszuhalten. **Nie wieder Krieg!**

Okinawa - am 28.12.75 im Pacific Hotel, Naha, Hauptstadt von Okinawa (Japan)

Gestern mit Jumbo-Jet (zum ersten Mal) von Taipeh angekommen. Sehr schickes Hotel Zahnbürste plus Zahncreme wird gestellt, Schuhbürste liegt bereit, Fernsehen, Radio, hübsche Lampen. Allerdings keine Kofferträger und Hotelboys, aus Personalersparnis-Gründen. Auch ein reichhaltiges Frühstücks-Buffet wird nur durch Anstehen und Selbstbedienung erkämpft.

Wieder herrliches Wetter, nicht zu kalt, nicht zu warm, viel Wind. Schlafe bei offenem Fenster. Fahrt zur Ausstellung 2 ½ Stunden durch das recht scheußliche Naha, das mich total an Kalifornien erinnerte, und dann durch schönes Land, hügelig, wieder herrschen Kiefern vor, es gibt wunderschöne Meeresbuchten. Angebaut wird vor allem Zuckerrohr, das z. Zt. blüht und sich elegant im Wind wiegt. Dann Mandarinen, Bananen und Ananas. Fasziniert haben mich die Dächer der echten japanischen Häuser (nicht die kalifornischen Würfel), weil sie denen von Taiwan so ähnlich sind. Wieder mit runden Endstücken aus Porzellan und schöner Walmdachform.

Erste Feststellung bei Ankunft auf der Expo: trotz vieler Menschen die hygienischsten Toiletten ohne widerlichen Duft! Keine Sitze, sondern man steht oder hockt, Wasserspülung – reichlich – wird mit Fuß betätigt, was selbst dem bequemsten Asiaten oder Kaukasier keine Anstrengung bedeutet. Toilettenpapier und Haken an der Wand, um Taschen aufzuhängen. Sagenhaft.

Erster Pavillon USA, wo mich schwimmende Oil Rigs interessierten, dazu pausenloser Film von herrlichem Meer. Zweiter Pavillon UdSSR. Dort war Modell einer Meerwasser-Reinigungsanlage aus Odessa interessant, wo das von Tankern abgelassene ölhaltige Wasser, das sonst das Meer verdreckt, gereinigt wird, wodurch große Mengen Öls zurückgewonnen werden. Wenige Menschen stellen Fragen. Dann war die Schwarzmeerküste dargestellt, Soczi, und mein geübtes Auge erkannte alte Vasen und Keramik, die aus dem Kaspischen Meer stammten. Ein Modell des Störs faszinierte mich, sowie schöne Werkzeuge der Eskimos für die Seefahrt (bone carvings aus dem Leningrader Museum).

Auf einer riesigen Weltkarte konnte man durch Druck auf einen Knopf die russischen Schifffahrtsverbindungen sichtbar machen, wobei die Handelsflotte stark durch ihre Ausdehnung beeindruckte. Passagierflotte wenig, hauptsächlich Mittelmeer und Ostsee. In diesem Zusammenhang interessant, dass die Transsibirische Bahn zu einer starken Konkurrenz für die Container-Schiffe geworden ist, was ich bereits in der Straits Times gelesen hatte… Ich fragte vorwitzig nach der russischen Kriegsflotte, was den Mann dazu bewog, mich nach meiner Herkunft zu fragen.

Anschließend Besichtigung der Aquapolis, einer technisch ausgetüftelten Möglichkeit, off-shore zu leben (neuer Lebensraum!) und sich zu ernähren aus dem umgebenden Meer. Schleppte Prospekte mit. Mittagessen im Philippino-Restaurant mit schicker Musik und trockenem Huhn. Dann meine große Freude, die Delphin-Show. Man hatte den Blick auf das Bassin und gleichzeitig dahinter auf den Pazifik gerichtet. Diese geliebten, perfekten Wesen.

Anschließend das Aquarium, dunkler Raum und zwei riesige Glasbehälter, in denen – zusammen – sich 50.000 Fische tummelten! Eines enthielt die phantastisch bunten und fluoreszierenden Fische, das andere mehr die silbernen Fischschwärme. Ich hätte dort Stunden verbringen können.

Der Höhepunkt für mich war dann ein 25 Minuten langer Film über das Meer, bei dem nicht gesprochen wurde, sondern nur echte Geräusche, tosende Wogen, zischende Brandung, Singen der Eingeborenen zu hören waren. Erklärungen kurz in Schrift dazu. Der Film zeigte über fünf Leinwände (drei senkrecht, drei waagerecht) sehr eindrucksvolle Szenen über das Meer, Fische und Pflanzen, Quallen, Landschaften, Schiffe, Fischer. Manchmal sah man ein Objekt in fünf verschiedenen Stellungen gleichzeitig, manchmal ein Thema über alle fünf screens, was gewaltig war. Kurz: dieser Film war sehr eindrucksvoll und ich muss denen, die ihn produziert haben, Respekt und Dankbarkeit zollen.

Die Faszination des lebendigen Meeres, das mir so viel bedeutet, kam ohne Pathos und Gerede voll zum Ausdruck. Ich kam ganz benommen aus der Vorstellung und hätte mich am liebsten dort für eine Weile in den Sand geworfen, denn die ganze Ausstellung liegt ja unmittelbar am Meer... Aber da war ja meine Gruppe und die Terminplanung. Auf dem Heimweg ins Hotel kaufte ich eine schimmernde Muschel, schön und makellos, die mich immer an dieses Erlebnis erinnern wird...

Einladung zur Abschiedsparty von Singapur
am 28.08.1977

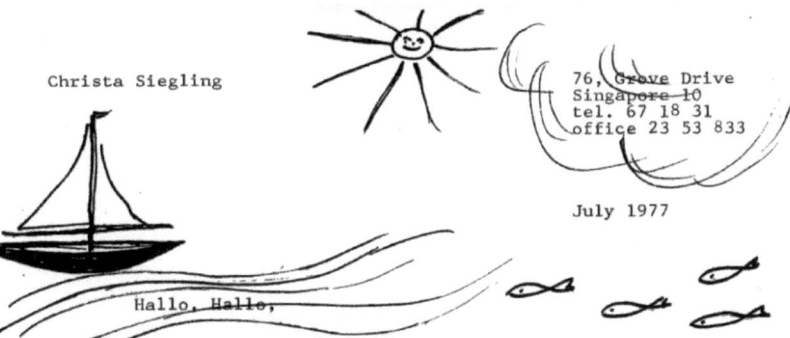

Christa Siegling

76, Grove Drive
Singapore 10
tel. 67 18 31
office 23 53 833

July 1977

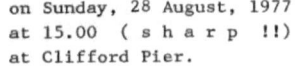

Hallo, Hallo,

All nice people from Singapore who would like to have
a last opportunity to see and enjoy me before I have to
leave this sunny island for good (on 3 September) should
make immediate arrangements to be able to climb aboard
the PSA Luxury Liner "PAWAI"

on Sunday, 28 August, 1977
at 15.00 (s h a r p !!)
at Clifford Pier.

We will be cruising the sea for about four hours and thus
be ashore around 19.00. again.

Please bring along the following:

your children, big and small,
some food to keep you going ,
your cameras, sun hats, sun glasses,
towels and bed sheets for crying,
YOUR VERY BEST MOOD ....

dress:
tuxedo - black tie - evening dress - high heels -
mink stoles - jewels .... (in short appropriate
for a luxury liner)

Drinks will be provided (soya bean milk for the adult males
and that superb Coke for all of us ......)

RSVP regrets only until 1 August to office: Dixie 23 53 833

Yours very sincerely,

Christa Siegling

287

Protest- und Dankesbriefe (Auswahl)

Brief an das Finanzamt der Stadt Bonn (1982)

Wertes Finanzamt,

wieder ist es so weit und ich muß mit Ihnen Kontakt aufnehmen. In diesem Jahr habe ich mich darauf ganz besonders gut vorbereitet und den Artikel aus meinem Haus- und Grundeigentümerverein wieder und wieder gelesen und alles beherzigt, was da drin steht. Damit Sie ein bißchen Spaß bei Ihrer trockenen Arbeit kriegen, lege ich Ihnen den Zeitungsausschnitt bei....
Es wäre schön, wenn Sie meine Unterlagen so bearbeiten könnten, daß ich meine bescheidene Rückzahlung Ende September in meinen Urlaub mitnehmen könnte. Mein altes Häuschen macht mir Kummer durch laufende Reparaturen, da muß ich ganz schön kalkulieren.

Mit Dank und freundlichen Grüßen

                                    C. Siegling

PS: Man, is dat warm.

Jung's, leecht man wat zu, dat wa nich imma auf'n lezzten Drükka beit Finanzamt kommen...

Brief an die Mövenpick-Kantine
der Deutschen Forschungsgemeinschaft (08.04.1982)

<u>Betr.</u>: „Bircher-Müsli" (2,80) vom 8.4.82

Ich bedaure, mich wieder einmal ärgerlich über das von der Mövenpick-Kantine angebotene Essen – in diesem Fall das Bircher-Müsli – äußern zu müssen.

Vor einigen Wochen hatte ich dieses Angebot entdeckt und für sehr gut befunden, was ich auch sogleich der zuständigen Mövenpick-Dame sagte, mit der Bitte, mein Kompliment dem Küchenchef weiterzugeben.
Inzwischen hat sich jedoch das „Bircher Müsli" dermaßen verschlechtert, dass ich Protest erhebe.
Die Schüssel ist neuerdings nahezu zur Hälfte gefüllt mit Ananas-Stücken aus der Dose! Ich habe keine einzige Nuss darin gefunden.

Darüber hinaus habe ich Bedenken hinsichtlich der Frische des heute nur widerwillig genossenen Mahls.
Da Mövenpick ein schweizerisches Unternehmen ist, sollte das als „Bircher Müsli" präsentierte Gericht in der Tat aus Haferflocken, Milch, Nüssen und **frischen** Früchten bestehen, wie es der schweizerische Urheber vorschreibt.

Bircher-Müsli ist im Übrigen eine Diät-Kost, darin hat Dosen-Ananas wirklich nichts zu suchen, insbesondere nicht in Mengen.

Da das Angebot an Diät-Kost in der Kantine nicht sehr reichhaltig ist, sollte dieses Gericht doch wirklich in möglichst reiner Form auf den Tisch kommen.

Ich wäre für eine Mitteilung dankbar, ob das angebotene „Bircher-Müsli", das man inzwischen „Fantasie-Müsli" nennen sollte, täglich frisch zubereitet wird oder nicht.

Antwortschreiben
der Firma Mövenpick (12.04.1982)

Mit Freude habe ich festgestellt, dass Ihnen die Erweiterung unseres Programms durch das Bircher-Müsli zusagte und dass Sie davon gerne und öfter Gebrauch machten.

Ihre Enttäuschung kann ich sehr gut verstehen, vor allem, weil ich mich aufgrund Ihrer Reklamation mit demjenigen Mitarbeiter auseinandersetzen konnte, der hier in eigener Verantwortung von unserem guten Rezept einige Abstriche machte und – wie Sie zu Recht vermuteten – den Anteil der frischen Früchte reduzierte.

Ich glaube, Ihnen zusagen zu dürfen, dass ab sofort dieser Mangel behoben ist und ich danke Ihnen auch im Namen der anderen Gäste für diesen wichtigen Hinweis.

Als Entschädigung darf ich Ihnen einen Bon über drei Bircher-Müsli und einen Eisbecher im Restaurant überlassen und hoffe, dass Sie davon Gebrauch machen können.

Für Kritik, die wie in diesem Falle, aktuell und hilfreich ist, bin ich weiterhin dankbar, jedoch stets in der Erwartung, dass die Anlässe hierfür so gering wie möglich bleiben werden.

Mit freundlichen Grüßen

Helmut Abrell

Brief an Glyngøre Feinkost (19.01.1984)

Sehr geehrte Damen und Herren,

ich habe jetzt einmal wieder (am 16.01.1984) Ihren „Makrelenschmaus" bei Kaiser's für DM 2,69 gekauft und war über den Inhalt der Dose recht enttäuscht.

Die Fischstücke waren überhaupt nicht zart, wie Sie behaupten, allerdings war die Sauce mehr als „pikant", d.h. sauer.

Ich bitte Sie, mich wissen zu lassen, wie alt der Doseninhalt ist. Da es sich um eine wie Sie schreiben „Dauerkonserve" handelt, die bis „einschl. 1987" haltbar ist, würde es mich interessieren, wann der Fisch gefangen bzw. verarbeitet wurde. Zur besseren Identifizierung sende ich Ihnen die Verpackung mit. Leider hatte ich auch Pech mit dem Öffnen der Dose, da die „Blechschlinge" abbrach.

Ich weiß, dass Sie erstklassige Ware herstellen und kaufte leider aufgrund dieser offenbar überholten Einschätzung.

Nehmen Sie sich jedoch meine Kritik nicht allzu sehr zu Herzen, auf allen Gebieten geht in der Bundesrepublik die Qualität zurück, es ist ein Trend, mit weniger Qualität ebenso viel zu verdienen wie früher mit guter!

Ich bin auf Ihre Antwort gespannt und danke Ihnen dafür im Voraus.

Mit freundlichen Grüßen

C. Siegling

Antwortschreiben
der Firma Glyngøre Feinkost, (26. Januar 1984)

Mit Bedauern haben wir den Inhalt Ihres Schreibens vom 19.1.84 zur Kenntnis genommen.

Wir können Ihnen versichern, dass wir stets bestrebt sind, nur erstklassige Rohwaren zu verarbeiten; leider steht uns aber nicht immer ein optimales Rohwarenangebot in Makrelen zur Verfügung. Bei Engpässen müssen wir deshalb auch schon mal auf Rohware zurückgreifen, wenn die Makrelen saisonbedingt im Fleisch etwas trockener sind.

Außerdem lässt sich nicht vermeiden, dass beim Sterilisationsvorgang ca. 10% des Zellwassers vom Fisch austritt, was unweigerlich eine wesentliche Festigkeit des Fischfleisches zur Folge hat. Allerdings dürfte sich dies nicht so ausschlaggebend, wie von Ihnen geschildert, auf die Qualität des Produktes „Makrelenschmaus" ausgewirkt haben.

In diesem Falle muss wohl vielmehr ein menschliches Versagen vorliegen, da die Dosen unseres Erachtens zu lange sterilisiert wurden, was dann zum Austrocknen der Filets führt.

Da die uns übersandte Faltschachtel eine Haltbarkeit bis einschl. 1987 ausweist, kann dieses Produkt erst Ende vergangenen Jahres produziert worden sein. Den genauen Herstellerzeitpunkt können wir nur an Hand der Dosenstanzen feststellen.

Da wir unsere Kunden immer gerne zufriedenstellen möchten, erlauben wir uns, Ihnen per separater Post eine kleine Auswahl* aus unserem reichhaltigen Programm zu übersenden. Wir hoffen, dass Ihnen diese Muster besser munden werden und Sie wieder Vertrauen zu den Glyngøre Produkten finden.

Mit freundlichen Grüßen

Glyngøre Feinkost

*Ich erhielt 10 Dosen Makrelen!

Brief an das Straßenverkehrsamt Bonn
(06.11.1986)

Betr.: Knöllchen wegen abgelaufener Parkuhr

Wertes Straßenverkehrsamt,
es stimmt, ich habe beim Augenarzt nahezu zwei Stunden im Wartezimmer gesessen, teils mit Tropfen in den Augen, und mit bangem Herzen wegen der Parkuhr, in die ich nur 20 Pfg. eingeworfen hatte, weil ich glaubte, es ginge schnell...

Nun, da haben Sie mich erwischt und ich beeile mich, die DM 5,-- einzuzahlen, wogegen man ja nichts einwenden kann.

Aber bitte lassen Sie mich Ihnen folgende Beobachtung vom heutigen Tage vor dem Steigenberger Hotel mitteilen, die zu diesem Thema („Parken") passt:

Als ich meinen Polo dort parkte und die 2 x 10 Pfg. einwarf, sah ich, daß die Neben-Parkuhr nicht eingeschaltet war, sondern das rote Zeichen zu sehen war, obgleich neben mir ein Wagen parkte, ein roter VW, glaube ich.
In dem Wagen saß ein älterer Herr, sicher ein Rentner, der die Zeitung las und Musik-Kassetten hörte.
Ich wunderte mich etwas. Dann ging ich zu meinem Arzt und setzte mich dort ans Fenster, von wo aus ich den Parkplatz beobachten konnte. Viele Wagen versuchten zu parken, fanden aber keine Lücke. Nach

mehr als einer Stunde schaute ich auch zu meinem Auto herüber und sah immer noch den Rentner in dem roten Wagen daneben... Da wußte ich, was das bedeutet: Er hatte seine Ehehälfte auch bei irgendeinem der vielen Ärzte am Bonn Center abgeladen – und wartete nun auf ihre Rückkehr, dabei jedoch die Parkpfennige sparend und andererseits den Parkplatz für andere blockierend...

Kannten Sie den Trick schon? Ich schäme mich für meine ältere Generation!

Mit freundlichen Grüßen

C. Siegling

Leserbrief an die" Zerbster Volksstimme" vom 22.06.2000
Zweite DDR-Reise wegen Ahnenforschung in Zerbst und Dessau

Überschrift: „Grabkammer"

Am 06. Juni 2000 traf ich (Rentnerin, 73) mit meinem Auto und dem (braven) Hund, angemeldet seit 9.5., nach anstrengender Fahrt (300 km A9 mit 1 ½ Std. Stau) und geschäftlichen Gesprächen bezüglich Ahnenforschung am Spätnachmittag bei der mir empfohlenen Pension in Zerbst ein.

Die Dame des Hauses empfing uns mit den Worten: „Sie bekommen das letzte Zimmer". Sie meinte damit, dass ihr Haus voll sei.

Allerdings traf mich der Schlag und ich begriff den Doppelsinn ihrer Worte, als ich das Zimmer (Parterre) betrat. Ein relativ kleiner Raum, normal eingerichtet, nebenan eine „Nasszelle", mit großem Fenster, ca. 1,5 Meter breit und 1 Meter hoch, doch hinausschauen konnte man nicht. Vor der Nase hatte ich die scheußliche Mauer eines Nebengebäudes; vom Himmel war nichts zu sehen; ob die Sonne schien oder es regnete, war nicht auszumachen. Etwas Tageslicht drang von oben herein. Ich war an eine Grabkammer erinnert. Das Fenster war gekippt, so dass es Luft zum Atmen gab...

Da ich keine Energie mehr hatte, um zu protestieren, schluckte ich meinen Ärger herunter, beschloss aber sofort, nur zwei Nächte zu bleiben.

Am Abfahrtsmorgen bei der Begleichung der Rechnung (130,- DM) äußerte ich meine Unzufriedenheit und mein Erstaunen darüber, dass der Zerbster Tourismus-Verein es zulasse, dass solche Zimmer regulär an Touristen vermietet werden, gar an solche, die sich frühzeitig anmelden. Die Pensionsinhaberin verteidigte darauf den Vorzug dieser Unterkunft, da die Gäste bei heißem Wetter die Kühle des Zimmers (Grabkammer!) schätzten (es war nicht heiß vom 6. bis 8. Juni)! Auch hätte ich sofort protestieren sollen und nicht erst bei der Abfahrt. Aber das Haus war doch belegt, hätte ich riskieren sollen, auf der Straße zu stehen?

Diese unschöne Erfahrung in Zerbst möchte ich einem breiteren Publikum bekannt geben und zur Diskussion stellen, ob solche „Notunterkünfte" zum normalen Preis an ahnungslose Touristen vergeben werden dürfen. Ich empfand es als eine Unverschämtheit und frage mich, wie die Pensionsinhaberin in meiner Heimat auf eine solche „Überraschung" reagiert haben würde.

Mein Urahn, der 1831 in Zerbst geboren wurde, würde mir beipflichten und im Stillen – nicht nur deswegen – Tränen vergießen über das heutige Zerbst.

Christa Siegling

Das ist nicht mehr meine Welt
Leserbrief in der „Bayerischen Rundschau", Kulmbach
(10. April 2006)

Zur Berichterstattung über die Abholzung der Rugendorfer Pappelallee wird uns geschrieben:

Nach fast 20 Jahren habe ich Rugendorf und Oberfranken verlassen, um – fast 80-jährig – meine letzten Lebensjahre in meiner rheinischen Heimat zu verbringen.

Die schönen Erinnerungen an diese Zeit werden immer die Landschaftserlebnisse sein, die ich zwölf Jahre lang mit meinem Hund ganz direkt und intensiv, aber auch mit dem Auto in die weitere, überall herrliche

Umgebung erfahren durfte. Zugleich werde ich immer dankbar für mein schönes Zuhause sein, das ich mir geschaffen habe und all die Jahre mit Blumen und Tieren, früher auch mit den kleinen Nachbarskindern, genießen durfte. Hunderte von Fotos werden mir die Freuden meines freien Landlebens zurückbringen.

Was mich jetzt mit Trauer und Bestürzung erfüllt, ist die Tatsache, dass es in Rugendorf nicht gelungen ist, das Problem der Pappelallee weniger brutal und in Einklang mit der Natur zu lösen.

Wie konnte ausgerechnet ein Biobauer diesen Kahlschlag „beschlussgemäß durchführen lassen"? Aus vielen Briefen hierzu geht hervor, dass dabei nicht alles mit rechten Dingen zugegangen ist, und Insider wissen, dass diese Bäume, die seit zehn Jahren ein besonders schönes Wahrzeichen der Rugendorfer Flur darstellten und vielerlei Lebewesen Orientierung, Schutz und Lebensraum boten, jahrelang systematisch krank gemacht wurden, um vorzeitig beseitigt werden zu können. Unsachgemäßes, viel zu starkes Ausschneiden, später eine „spezielle Wurzelbehandlung" und trockene Sommer halfen hierbei mit. Ich selber habe die traurige Veränderung der Bäume Jahr für Jahr beobachten können.

Nun aber ist alles zu spät, und der schreckliche Anblick der 23 riesigen Baumstümpfe wird mich noch lange verfolgen. Er wird Fremde anlocken nicht zum Ruhme des Dorfes!

Ob sich Herrn W. tröstlicher Hinweis, mit dem er seine fatale Anordnung rechtfertigt, es werde „in 15 Jahren ja wieder eine neue Allee" geben, realisieren lässt, stelle ich in Frage. Ich kenne die Baum- und Obstbaumsituation um Rugendorf recht genau und habe mich immer gewundert, wie wenig Pflege man hier neu angepflanzten Bäumen – selbst in Privatgärten – zuteilwerden lässt. Und wer hat in diesem Winter seinen Frust an dem schönen Holunderbaum unterhalb von Feldbusch an der Rugendorfer Straße ausgelassen? Es packt einen der Zorn, wenn man auch an dieser Naturzerstörung bei allen Fahrten nach Kulmbach vorbeifahren muss.

Aber ich habe festgestellt, dass es eine ganze Reihe von Rugendorfern gibt, die weder die Pappelallee kannten noch den Holunderstrauch vor und nach seiner Zerstörung wahrgenommen haben… Alles weist darauf hin, dass den Bürgern von Rugendorf der Bezug zu ihrer unmittelbaren Natur immer mehr verloren geht. Sie ist ihnen gleichgültig.

Dies mag unter anderem darauf zurückzuführen sein, dass ja bereits die Großeltern- und Elterngenerationen seit den fünfziger Jahren im Rahmen der Flurbereinigung keine Hemmungen hatten, ihre Natur, die bis dahin intakt und abwechslungsreich war, total umzufunktionieren. Natürlich zum Vorteil der Bauern, die ja heute alle zu Unternehmern geworden sind. Die stören Hecken und Bäume, weil sie Schatten und Blätter aufs Ackerland werfen, und weil sie sie am flotten Durchkommen mit ihrem immer ausladender konstruierten Fuhrpark hindern.

Nein, das ist nicht mehr meine Welt!

So beende ich nun mein Landleben, das ich sehr geliebt habe und das mich vor 19 Jahren hier sesshaft werden ließ. Denn hier wird es kein „Zurück zur Natur" mehr geben. Ade, kleines Dorf, ade Pappelallee, ade auch arme Katzen.

Mit „letzten" freundlichen Grüßen

Christa Siegling

Herbsttag

Herr: es ist Zeit. Der Sommer war sehr groß.
Leg deinen Schatten auf die Sonnenuhren,
und auf den Fluren laß die Winde los.

Befiehl den letzten Früchten voll zu sein;
gib ihnen noch zwei südlichere Tage,
dränge sie zur Vollendung hin und jage
die letzte Süße in den schweren Wein.

Wer jetzt kein Haus hat, baut sich keines mehr.
Wer jetzt allein ist, wird es lange bleiben,
wird wachen, lesen, lange Briefe schreiben
und wird in den Alleen hin und her
unruhig wandern, wenn die Blätter treiben.

Rainer Maria Rilke (1875–1926)

Antwortschreiben
der Firma Lambertz GmbH, Aachen (17.12.2012)

Ich hatte eine von meinen Besucherinnen unterschriebene Karte abgeschickt, in der wir uns über miserable Zimtsterne beschwerten.

Sehr geehrte Frau Siegling,
wir bestätigen den Eingang Ihres Schreibens, dem wir mit Bedauern entnehmen mussten, dass Sie beim Verzehr unseres Artikels Zimtsterne enttäuscht waren.
Diesbezüglich möchten wir Ihnen mitteilen, dass wir als Hersteller von traditionellen Lebkuchen-Produkten vor dem Hintergrund der Cumarin-Problematik gezwungen sind, neue gesetzliche Vorgaben einzuhalten. Dies bedeutet, dass wir nur noch cumarinreduzierte Zimtqualitäten zum Einsatz bringen können, welche zwangsläufig weniger geschmacksintensiv sind.
Wir möchten Ihnen an dieser Stelle jedoch versichern, dass wir nach wie vor bemüht sind, durch entsprechende Rezepturänderungen die Qualität unserer Saisonprodukte beizubehalten.
Mit dem Inhalt dieses Päckchens * möchten wir versuchen, Sie für die Enttäuschung ein wenig zu entschädigen und Sie gleichzeitig von dem üblichen Qualitäts-Niveau unserer Spezialitäten zu überzeugen.

Mit freundlichen Grüßen
Aachener Printen und Schokoladenfabrik
Firma Henry Lambertz GmbH & CO:KG
* Ich erhielt eine große Blechbüchse voller Dominosteine, Printen, Lebkuchen.

Angst vor leisen Radfahrern

Leserbrief in den „Dürener Nachrichten" (12.11.2012) auf ein Drittel gekürzt, nach „Horror-Spaziergang" an einem Sonntag unterhalb vom Krankenhaus Lendersdorf im September 2012

„Nach einem Krankenhausaufenthalt war ich froh, wieder spazieren gehen zu dürfen auf einem sehr schönen Wanderweg an der munteren Rur entlang. Radfahrer waren unterwegs, einzeln und in Gruppen.
Ich ging brav auf der Seite, weithin kenntlich als alter Mensch mit grauen Haaren und Spazierstock. Aber das hielt die lieben Radfahrer nicht ab, sich lautlos und eilig an mir vorbei zu schleichen. Da die Rur und Ihre Nebenflüsse meistens rauschen und auch ein Wind geht, hört man die sich nähernden Radler nicht.

Wie oft bin ich zusammengezuckt bei diesem unangenehmen Überholverhalten und habe gedacht: Warum klingeln die nicht? Haben die keine Vorstellungskraft, was geschehen könnte, wenn der Wanderer nur einen kleinen Schritt seitwärts machen würde? Sind diese Menschen aller Art – jung, alt, Frauen, Männer, aber auch viele grau- und weißhaarige „fitte" Senioren, die doch Verstand und Erfahrung haben müssten – zu unsensibel, zu schüchtern, zu gleichgültig, um ihre Klingel zu bedienen? Was für eine miserable Situation! Sobald ich eine Klingel höre, bin ich gewarnt und verhalte mich entsprechend."

C. Siegling

Brief an Dietmar Nietan MdB (16. Juli 2015)

Betr.: Gruppenreise nach Berlin vom 21. – 24.06.2015

Sehr geehrter Herr Nietan,

ich komme erst jetzt dazu – wetterbedingte Verlangsamung sämtlicher Aktivitäten und Poststreik – Ihnen für die vier inhaltsreichen Tage in unserer geschichtsträchtigen Bundeshauptstadt Berlin zu danken.

Gerne denke ich daran zurück, weil ich das Programm als ausgewogen, zeitlich nicht überfrachtet und auch nicht SPD-lastig empfunden habe. Wir wurden an die für einen Bundesbürger wichtigsten politischen und historischen Marksteine der Stadt ohne Stress herangeführt.

Mit unserem Hotel und den überall pünktlich vorbestellten Mahlzeiten war ich voll zufrieden. Dank an das Bundespresseamt, das uns eine äußerst qualifizierte Reisebegleiterin, Frau Lersch, mitgegeben hat, deren preußische Zuverlässigkeit und Autorität mir zugesagt haben.

Was mir als Naturfreundin immer wieder besonders auffiel, waren die unzähligen stattlichen Straßenbäume, zu jener Zeit etwa 80% blühende Linden, die nahezu alle Straßen verschönerten, auf denen wir uns per Bus oder zu Fuß bewegten. Weiter so!

Dass wir die Möglichkeit erhielten, zeitlich großzügig bemessen, das Reichstagsgebäude zu besichtigen und die spektakuläre Glaskuppel zu erwandern, war für uns alle sicher ein besonderer Höhepunkt.

Ich bin froh, dass ich noch einmal, quasi als „Urgroßmutter" und beschützt in einer freundlichen und friedlichen großen Gruppe, die besondere Atmosphäre Berlins (wo ich vor 88,6 Jahren geboren wurde") erleben durfte.

Danke Herr Nietan, Danke Bundespresseamt, **Danke Berlin**!

C. Siegling

Hierzu muss ich sagen, dass ich Herrn Nietan persönlich kennengelernt hatte. Ich fand seine Worte während seines Wahlkampfes 2013 so genial: „Machen Sie den Kaffee, ich bringe den Kuchen!", dass ich dieser Aufforderung sofort folgte. Und so hatten wir eine interessante Kaffee-Runde mit Freunden bei mir zu Hause, als Ehrengast Dieter Nietan.

Brief an Meßmer Tee-Gesellschaft mbH
(16.02.2016)

<u>Betr.</u>: Grüner Tee Ingwer-Honig (würzig-süß)

Die Kombination „Ingwer-Honig" hatte mich animiert, Ihre auf sechs Seiten der Faltschachtel so hoch gelobten zu kaufen:

„25 Doppelkammerbeutel im Einzelkuvert - ohne Metallklammer.
Zutaten: Grüner Tee, Ingwer (10%),
Aroma (Honig), natürliches Ingweröl
Getrocknet, Honiggranulat
Maltodextrin, Honig".

Ich bin so sauer und bitter enttäuscht über Ihr nach nichts schmeckendes Produkt, dass ich mir Luft machen muss! Aber bitte, schauen Sie sich die Zutatenliste an, da kann doch nichts Reelles heraus-kommen!
Endlich wurde auch im FS aufgedeckt, was hinter der Herstellung der Teebeutel steckt, sogar Sägespäne!
Auf dieses Produkt können Sie nicht stolz sein, es ist miserabel. Wo sind wir hingekommen? Ich werde in diesem Jahr 90 Jahre alt und bin in der Welt weit herumgekommen, um zu wissen, wie guter Tee schmeckt, aber dies ist ein Abfallprodukt in feiner Verpackung. Ich werde nie mehr Meßmer-Tee-Produkte kaufen.

C. Siegling

Keine Antwort!!

Schreiben der Firma Tacken GmbH, Schwalmtal (15.03.2017)
(kochfertiger Spinat)

Sehr geehrte Frau Siegling,

wir möchten uns ganz herzlich für Ihre Postkarte bedanken. Ein solch positives Lob an unsere Firma freut uns sehr.

Auch hier sehen wir wie Sie, dass in der heutigen, schnelllebigen Zeit, ein persönlicher Dank sehr wertvoll ist.

Ihre Motivation des Dankes, die gleichzeitig unsere Grund-Idee fördert, unsere Produkte für den Endverbraucher knackig-frisch, gewaschen und portionsfertig genauso im Markt zu platzieren, haben wir bei einer Produktionsbesprechung an unsere Fachmitarbeiter in der Produktion weitergegeben.

Sie als Endverbraucher mit der bestmöglichen Qualität zu versorgen gehört zu den wichtigsten Zielen unseres Unternehmens.

Der Salat/Blattspinat wird von Hand geputzt, vorgeschnitten und einer täglichen Sichtkontrolle unterzogen. Das Schneiden auf vorgegebene Größen und das Waschen geschehen maschinell.

Sandkörner, wie Sie sagen, können natürlich trotz mehrerer Waschvorgänge schon mal auftauchen, sollten jedoch nicht die Regel sein.
Testen Sie auch gerne mal unsere kochfertigen Gemüse und auch das frisch vorgeschnittene Obst.

Liebe Frau Siegling, 90 Jahre ist schon etwas ganz Besonderes. Von uns ein großes Lob an Sie für die Mühe, dass Sie uns so nett geschrieben haben.

Wir wünschen Ihnen von Herzen alles Gute.

Tacken GmbH
41366 Schwalmtal

Warum nur hat REWE diese Firma nicht behalten?
Schade!

Brief an Markus Lanz (02.03.2018)

Sehr geehrter Herr Lanz,

so oft ich kann, aber nicht immer, sehe ich mir Ihre Sendung am späten Abend an. Oft ist sie erstklassig, mit tollen Leuten und einfühlsamen Interviews Ihrerseits. Aber manchmal, erst gestern wieder, 1.3.18, steigt mein Blutdruck bis zum Abschalten.

Das ist, wenn Sie eine neben Ihnen sitzende Hauptfigur ausquetschen! Gestern war es der gescheite SPD-Mann aus Schleswig-Holstein: Ralf St. Ich finde es unerträglich, wie Sie da vorgehen! Sie sollten mal rein äusserlich Ihre Körperhaltung dabei sehen: wie ein sprungbereites Raubtier rücken Sie dem Opfer immer näher, mit gekrümmtem Rücken (ganz unsportlich), auf eine Antwort lauernd!! Das geht minutenlang, auch damals bei Söder.

Dieses Schauspiel widert mich an, und ich muss es einmal aussprechen. Ich bewundere Ihre Opfer, die immer wieder stillhalten. Ich hätte mir Ihren Ton verbeten, da er eine Grenze überschreitet. Ganz schlimm ist, wenn Sie von Herrn Sp. unterstützt werden.

Bitte schalten Sie ein wenig zurück! Ihr nächstes Opfer wird, könnte ich mir denken, Martin Schulz sein, oder auch Frau Nahles.

Übrigens stört mich dieses übermäßige Insistieren auch bei S. Maischberger.

Ich nehme an, dass Ihr Raubtierverhalten - anders kann ich es nicht nennen - vielen, vor allem Krimiliebhabern gerade gut gefällt. Doch das ist kein Kriterium für mich, ich bin vom alten Schlag und zufrieden, dass ich den Werteverfall um mich herum nicht mehr lange ertragen muss, ich bin 91...

Es würde mich sehr interessieren, was Ihre Auserwählten dafür bezahlt bekommen, dass Sie von Ihnen manchmal so vorgeführt werden?!

Natürlich überwiegen viele erstklassige Sendungen von Ihnen die oben kritisierten, wo es nicht so scharf hergeht.

Mit freundlichen Grüßen

C.Siegling

Keine Antwort!

Dankesbrief

an den Verwaltungsdirektor des Krankenhauses
Düren, Dr. Blum (23.09.2019) (gekürzt)

Sehr geehrter Herr Dr. Blum,

hiermit möchte ich mich durch Sie bei Frau Briem von der Röntgenabteilung für deren außergewöhnliche, schnelle und kompetente Behandlung meines Missgeschicks am 19.09.2019 bedanken!

Ich hatte den wichtigen, mir vom überbeschäftigten orthopädischen Facharzt ausgestellten rosa Schein für eine Röntgenaufnahme meines linken Beins vergessen!

Glaubte, dass nun ohne die Röntgenaufnahme auch der am gleichen Tag vereinbarte Termin beim Orthopäden ins Wasser fiele!

Frau Briem blieb total freundlich und sagte nur: „Das ist kein Problem, Moment bitte!" Sie telefonierte mit der orthopädischen Praxis – im Hause – und nach kurzer Zeit erhielt ich einen neuen rosa Schein, mit dem die verordnete Röntgenaufnahme umgehend gemacht werden konnte.

Frau Briem hat mich alten Menschen (92,9) total aufgefangen, das kommt heute, gerade auch bei Ärzten, nicht mehr oft vor!

Es macht mir Freude, zu loben.

Bitte geben Sie dies weiter.

Vielen Dank und freundliche Grüße,
auch an Frau Briem.

C. Siegling

Dankesbrief an einen Kieferchirurgen

Sehr geehrter Herr Dr. R.,

am 27.11.2021 hatte ich Halbjahres-Inspektion bei meinem Zahnarzt-Nachbarn, Herrn Oe. Die verlief so positiv, dass ich Ihnen unbedingt von meiner Erleichterung etwas abgeben möchte.

Ende September hatten Sie mir mit einem einzigen Ruck meinen schmerzenden Backenzahn rechts oben herausgeholt, anschließend mit gut dosierter Narkose die Wunde zugenäht.

Nach kürzester Zeit war ich, überglücklich so ungeschoren davon gekommen zu sein, schon wieder raus aus Ihrer Praxis. Auch Wochen danach hatte ich keinerlei Beschwerden! Die Heilung verlief glatt, ich war und bin total zufrieden, vermisse auch den Backenzahn überhaupt nicht.

Dafür möchte ich Ihnen sehr herzlich danken und mich für meine Ängste und Horrorvorstellungen entschuldigen, die man zuvor in sich trägt.

Bitte erlauben Sie mir mit meinen fast 94 Jahren, Ihnen die Nöte der Zahnpatienten glaubhaft in dem **beigefügten Gedicht** (nicht von mir!) zur Kenntnis und Sie zum Lachen zu bringen…

Alles Gute für die Zukunft für Sie und Ihre Mitarbeiter sowie für Ihre Familie!

Mit Dank: C.Siegling

Tiefenbohrung

Die Sonde schmiegt sich schläfrig an den Spiegel
Und träumt vergnügt von Wurzeln und von Schmelz.
Die Watterollen ruhen noch im Tiegel,
Der weiße Kittel hängt am Bügel
Und glaubt im Traum, er wär ein Pelz.

Auf einmal geht die Tür auf, und herein in schnellem
Schritt
Eilt er, der Chef, und bringt die Nummer 1 von heute mit.
Der Zahnarzt fletscht die Zähne, was er für ein Lächeln
hält.
Er drückt die 1 in ihren Stuhl, den er dann runterstellt.

Bekittelt und behandschuht und mit Mundschutz,
Den Spiegel in der Hand, beugt er sich vor.
Er scheut nicht Fäule, Mundgeruch und Schlundschmutz,
Er schabt und kratzt; auf Wunsch macht er den Grundputz
Und plaudert - keiner wehrt sich – mit Humor.

Da öffnet sich die Türe wieder, und es schwebt herein
Die MTA; auch sie scheint heute Morgen sich zu freun.
Sie lauscht den kas und zetts mit Andacht, dann zieht sie
heraus
Den Speichelsauger, und der macht dem Speichel den
Garaus.

Dann fängt der erste Bohrer an zu bohren,
Die Hand von Nummer 1 bekommt nen Krampf;
Zwar hat man sich zu Hause geschworen,
Es durchzustehen, doch sobald die Ohren
Das Sirren hören, kommt's auch schon zum Kampf.

Die Lippe zuckt, der Schweiß perlt aus, die Augen werden weit.
Der Doktor gibt ein Zeichen, und im Nu ist sie bereit,
Die Spritze der Entspannung; sie wird in den Mund gepiekt,
Und das Lidocain bewirkt, dass Nr. 1 nicht quiekt.

Jetzt bohrt er ungestört und munter weiter
Und füllt mit Amalgam die Kavität;
Er pfeift sich eins, das Bohren macht ihn heiter,
Er scheut nicht Blut, nicht Speichel, auch nicht Eiter –
Sie sind ein Zeichen für Prosperität.

Nun ist´s vollbracht, die Karies ist fort, das Loch gefüllt,
Dem Arzt sei Dank ist Nr. 1ens Zahnschmerz nun gestillt.
Man schwankt hinaus und denkt nicht an Teil 2 der großen Tat.
Der Arzt frohlockt, denn Nr. 1 ist, wie er weiß, privat.

Jens O.

Ich hatte heute eine schöne Begegnung am 05.09.2023, 11.00 Uhr:

Es standen zwei Herren mit einem großen Blumenstrauß vor meiner Türe…

Sie wollten mich persönlich kennenlernen, weil sie von mir einen „ungewöhnlichen" Brief erhalten hatten, in dem ich mich in wohlgesetzten Worten für das gut schmeckende Leitungswasser bedankte, das die „Dürener Stadtwerke" uns liefern.

So ist das heute – und früher war's wohl auch so: Es wird nur gemeckert, nie mal „Danke" gesagt, wenn was wirklich gut ist!

„Ist doch selbstverständlich!"

Nein, ist es <u>nicht!</u>

Die Herren waren des Lobes voll und sehr nett.

Es wurde ein Foto gemacht, für ihr SWD-Magazin.

An die
Stadtwerke Düren
PF 10 19 64
52319 Düren

Kundendienst

Crista Siegling
Burgweg 12a
52399 Merzenich
15. 8. 2023

Sehr geehrte Damen/Herren,

es drängt mich, Ihnen zu schreiben!

Seit einiger Zeit trinke ich – auch auf Grund von ständigen Hinweisen auf Gesundheitsblättern – nur noch "Ihr" (unser) Leitungswasser!

Ich bin so erstaunt, wie gut es mir schmeckt* – und ich bin sehr kritisch, immer noch.

Wie machen Sie das? In der heutigen Zeit der großen Umweltverschmutzung?

Ich möchte Ihnen dafür danken, daß Sie uns hier in Merzenich so sauberes Trinkwasser liefern!

Das ist nicht selbstverständlich!

Und wer weiß, was die Zukunft noch bringen wird mit der allgemeinen Wasserknappheit...

Doch das wird mich kaum noch treffen, ich gehe auf die 97 zu. Aber seit langem ist mir Wasser heilig.

Ich bewundere Ihre Arbeit und wünsche Ihnen alles Gute!

Crista Siegling (96,7)

316

Verschiedenes

Meine Gedanken als alte Frau (94)
zu „Olympia 2020 in Tokio" (im Jahr 2021)

Als ich (Seniorin, 94 Jahre) vom 20.-27.07.2021 im Krankenhaus Düren darniederlag, völlig k.o., dehydriert und weltentrückt, ohne Brille, Geld, Telefonnummern, Adressen, kam ich nach zwei unruhigen Nächten auf die Möglichkeit des TV-Schauens. Den Ton hatte ich meistens abgeschaltet und da lief etwas vor mir ab, was ich so nicht gekannt oder jemals erfahren hatte:

Sport in Perfektion, Schönheit, mit Entsetzen, mit Herzklopfen, ganz nahe dran, sehr professionell eindrucksvolle Detail-Kameraerfassung (mit Drohnen), mich a) total ablenkend vom eigenen Elend und b) mit größtem Interesse, nicht alles verfolgend, aber selbst z. B. Volleyball, Baseball und Turnen am Barren und Hochreck, Wassersport: „mein deutscher Achter", den ich wohl schon lange stets im Auge hatte, da ich selbst einmal Sklavin im Achter war (Godesberger Wassersportverein 1942/44).

Ganz besonders erlebte ich die drei deutschen Reiterdamen mit ihren herrlichen Pferden bei der Dressur. Isabell Werth überragend wie eh und je, hier souverän zurücktretend hinter Jessica von Bredow (der Jungen, Schönen), was wohl nicht ganz in Ordnung war.

Kurz: Ich habe durch meine total plötzlich über mich kommenden Tage im Dürener Krankenhaus (übrigens ausgezeichnet als „Akademisches Lehrkrankenhaus") eine neue Dimension meiner geistigen Wahrnehmung hinzugewonnen und denke nun viel mehr und gerne über die enormen Leistungen und Kraftanstrengungen, auch über unglaubliche Mutproben auf allen sportlichen Gebieten nach!

Ein echter Zugewinn auf meine alten Tage, wofür ich sehr dankbar bin.

War ja auch selbst immer sportlich unterwegs…

Ich komme mit der einfachsten Technik nicht mehr zurecht! (02.01.2023)

1) Ein kürzlich erworbener Funk-Wecker erhellt nachts eigenmächtig mein Schlafzimmer – was mich stört und total überflüssig ist.
Er meldet sich aber (eigenmächtig) tagsüber mit sanftem Geklingel...??

2) Dazu gesellt sich mein zweites Gigaset-Telefon im Schlafzimmer, welches (eigenmächtig) ständig unruhig hell und dunkel blinkt. Knopf drücken nützt nichts – ich stecke es unter die Bettdecke (Es nervt mich zu sehr) z. K. (= zum Kotzen).

3) Im Wohnzimmer herrscht nie Dunkelheit durch die vielen (4) „standbys", von TV, Stereoanlage, Notruf, Router. Was das andere Telefon dort macht, weiß ich nicht. (siehe 2))
Was muss ich machen, um Strom zu sparen?

4) Mir fehlt seit langem ein Fieberthermometer, das muss man ja im Haus haben. Im Katalog von Wellsana werden nur zwei „Multifunktionsgeräte" à 39 € angeboten! Nein danke.

5) Was sind „Interdentalbürsten"?
Einzeln in Plastik eingeschweißte Zahnstocher!
Sind die verrückt?

6) Meine Küche ist nachts hell beleuchtet von meinem winzigen Radio... sehr nützlich, indeed!

7) Ganz schlimm stellt mich jede Verpackung vor unlösbare Aufgaben! Nacheinander kommen Gefühle wie Geduld, Wut, Verzweiflung in mir auf. Ich bin 96 Jahre und habe Arthrose auch in den Händen. Oft

warte ich, bis jemand vorbeikommt, manchmal zwei Tage!

Bei Ölsardinen, auf die ich Hunger hatte, und die ich mit Gewalt öffnete, lief mir das gesamte Sonnenblumenöl über den Pullover… z. K. (= zum Kotzen).

8) Sehr litt ich auch zu Weihnachten 2022 darunter, dass ich zwei „liebevoll verschnürte" Päckle von je zwei Freundinnen aus Oberfranken nur mit zusammengebissenen Zähnen, Messer und Schere nach minutenlangem Hantieren endlich aufmachen konnte, um an die leckeren Plätzchen zu gelangen.

Diese verflixten Klebebänder!

Die Päckle hätten unbeschadet vielmals unsere Erde umkreisen können!

Muss das denn alles so kompliziert – und z. T. überflüssig sein?

Ode an Herrn Johannes Esser,

der meine letzte Lebenszeit sehr bereichert hat,
zu seinem Geburtstag am 24. Juli 2019 von einer
zugereisten Verehrerin!

Herr Esser hat Geburtstag heute,
es strömen deshalb viele Leute
von Rang und Namen hier aus Düren,
weil das Bedürfnis sie verspüren,
dem Jubilar viel Glück und Segen
zu seinen Füßen ihm zu legen.
Das hab' auch ich mir vorgenommen
bin mit Rollator hergekommen,
um herzlich ihm zu gratulieren.

Ich halte ihn für ein Genie!
Statt Düren die Philharmonie
in Hamburg, Köln oder Berlin …
Das wär' doch eher was für ihn?!
Doch halt, vielleicht glänzt' er dort wenig!?
denn hier in Düren ist er König!
Für mich auch sei die Stadt gesegnet,
sonst wäre ich ihm nicht begegnet!

Was musikalisch in ihm steckt
das macht sein Dirigat perfekt.
Mit Schwung und Kraft und stundenlang
erzwingt er den gewünschten Klang.
Sein Ohr vernimmt den falschen Ton
gar manches Mal im Voraus schon.
Dann wird das Stück sofort storniert

und immer wieder repetiert…
bis endlich er zufrieden ist
mit Schönberg, Wagner oder Liszt.

Mich wundert aber länger schon,
dass er moniert den falschen Ton
bei atonalen Werken nie!?
wo Chaos herrscht statt Harmonie…
Er sagte mir, das sei zwar Stress,
aber doch nur ein Lernprozess.

Den Chorgesang, den liebt er sehr,
da ist kein Oeuvre ihm zu schwer,
auf Pünktlichkeit kommt es ihm an,
und dass der Sänger singen kann!
Dazu verlangt er Disziplin
Und duldet keinen Eigensinn.

Ach Gott, die vielen Chormitglieder,
die samstags, sonntags, immer wieder
erscheinen müssen, um zu proben,
bis alle Fehler sind behoben.
Doch gibt's für sie noch keine Ruh',
denn das Orchester kommt dazu!
Dann geht's nochmal von vorne los,
immer im Stehen, rigoros!
(Und dennoch ist von ihnen allen
In Ohnmacht keiner noch gefallen …)

Ich frage mich – ich muss nicht singen –
Wie kann denn sowas Freude bringen?

Mein Zweifel spricht von Ignoranz:
Der Chorgesang erfüllt sie ganz,
denn wieder ist etwas gelungen
weil sie total perfekt gesungen,
sie wissen, keiner kann es besser
als ihr verehrter Johann Esser!

Doch nicht nur von Musik allein
soll heute hier die Rede sein:
„der Mensch", Herr Esser, ist nun dran,
er packt ja überall mit an,
ob Kasse machen, Stühle rücken,
tut jeden Notstand überbrücken,
kennt 1000 Leute, auch mit Titeln,
benutzt sie dann, um zu vermitteln,
und, weil er voller Empathie
spielt er die Trauermelodie
für alle, die ihn darum bitten…
sein gutes Herz ist unbestritten.

Präzise auch und schnell ist er
als Dürener? Wo kommt das her?
Ach ja, er war beim Militär!
Zum Glück ganz ohne Schießgewehr!

Auch ist er rührend zu uns Alten,
will Lebensfreude uns erhalten,
und nimmt uns gern im Auto mit
wer zahlt ihm schon dafür den Sprit??
Es macht uns friedlich, sanft und froh
Capella Villa Durio!

Gemach, noch bin ich nicht zu Ende
(obgleich das mancher besser fände…)

Ich möchte unbedingt noch sagen,
am liebsten mobil übertragen,
der Musen- und auch Dürens Sohn,
der macht das alles ohne Lohn!!!
Und dabei wird – laut Pass ergibt sich –
der Jubilar heut' dreiundsiebzig!

Applaus, unglaublich, aber wahr
und schnell wird jedem von uns klar,
was Musica und diese Stadt
Herrn Esser zu verdanken hat!

Und damit ist „die Flasche leer".
Gott sei's geklagt, ich kann nicht mehr!
Doch uns're Gläser, die sind voll,
die trinken wir nun auf das Wohl
des Musen-Königs Johann Esser,
wohl wissend, keiner macht es besser!!
Es lebe dieser vielmals „hoch"
und möglichst viele Jahre noch.

von Christa Siegling

Fotos müssen zum Anfassen sein
Artikel aus den Dürener Nachrichten vom 27.10.2018

„Die Augen schielen unter dem halbgeöffneten Lid in die Linse, diese eine nervige Haarsträhne fällt auch dieses Mal falsch ins Gesicht und irgendwie wirkt das Lächeln schief. Aber alle anderen Freunde sehen natürlich gut aus auf dem Foto, um das sich sofort alle Köpfe scharen. Schließlich muss beurteilt werden, ob ein neuer Versuch nötig ist oder ob es tauglich ist.

Wofür eigentlich? Lebensaufgabe eines Fotos ist es, für Erinnerungen zu sorgen. Gute Fotos, perfekte Fotos haben eine höhere Chance, ihr Soll zu erfüllen. Vielleicht auf dem Social-Media-Kanal, im Gruppenchat der Familie oder sogar ausgedruckt im Rahmen an der Wohnzimmerwand.

Die Folge: Überall sind nur die guten Fotos, die mit den perfekten Haaren, dem besten Lächeln und den besonders strahlenden Augen.

Die weniger guten Fotos nehmen Speicherplatz weg; kommen vielleicht in den Ordner auf der Festplatte, der „Sortieren" heißt.

Dabei sind doch die „Fotos zweiter Wahl" die wahren Gewinner.

Meine Fotoalben aus der Kindheit sind voll mit unscharfen Bildern, auf denen ich und meine Freunde bei Kindergeburtstagen mit voller Konzentration Topf-schlagen spielen und uns nicht um die Kamera scheren. Bilder, auf denen ich mit roten Augen glücklich neben Opa auf dem Sofa sitze. Die Fotos sind wertvoll – weil sie ehrlicher sind."

Dazu Kommentar von Christa Siegling:

Diesen Fotoartikel (gekürzt) hebe ich nun schon seit vier Jahren auf, und immer wieder drückt er exakt meine Gedanken aus: Es ist die Freude, alte, zum Teil sehr alte, verblasste Fotos „von damals" in den Händen zu halten…

Aber auch die neueren nützen mir nichts, wenn sie auf der Speicherkarte meiner kleinen Kamera festgehalten sind. Ich will sie auf Papier haben!

Jetzt, mit fast 95 Jahren habe ich die Vorstellung, auf meinem allerletzten Lebensweg bis zu meinem Sterbebett viele der kleinen handlichen Fotoalben nahe bei mir zu haben und mich freudig daran zu erinnern, was, wo und mit wem ich alles erlebt habe. Ich kann ja dadurch alles beweisen!

Seien es die guten Jahre in Deutschland, das kleine Haus in Godesberg oder mein Traum-Zuhause in Oberfranken, zuletzt die geliebte Wohnung in Merzenich, oder auch die lebhaften Erinnerungen an Malta, Sizilien, Sumatra, Hongkong oder Borneo?

Außerdem: Man sitzt enger um ein Fotoalbum herum als vor einem Laptop oder TV Bildschirm…

Zu Frankreich!

Aus immer noch großer Zuneigung zur Schönheit unseres Nachbarlandes, aber auch mit Respekt vor seiner Geschichte und Kultur, habe ich mich doch entschlossen unseren Brief an den Präsidenten der République Francaise, Monsieur Macron, vom 16.05.2020 hier zu erwähnen.

Aufgrund meiner vielen Beziehungen zu Frankreich –

- acht Jahre Französisch in der Schule
- beruflich Sekretärin des COMLANDCENT-Generals bei der NATO in Fontainebleau
- ab 1963 „Pionierin" beim Deutsch-Französischen Jugendwerk (DFJW) in Rhöndorf bei Bonn
- Faszination Atlantikküste (und Erwerb eines Grundstücks am Lac de Biscarrosse) viele herrliche Urlaube dort, Baskenland und Pyrenäen.
- Auch meine Schwester, die 1962 einen Franzosen heiratete…

kam mir spontan die Idee, als ich zum ersten Mal die Worte der französischen Nationalhymne gehört und vor mir gesehen hatte, worüber ich total entsetzt war, dass man einen Brief an Mr. Macron schreiben müsse, weil sie in der EU total fehl am Platze seien etc. etc.

Glücklicherweise fand ich einen perfekten Komplizen, Dr. phil. in Französisch, der meinen Briefvorschlag für gut befand und in Höchstform brachte, wie ich heute noch meine, was Feinfühligkeit, Höflichkeit und Sachlichkeit gegenüber dem außergewöhnlichen Thema angehen.

Ich schrieb als 94jährige, von Kindesbeinen an frankophile, echte Bittstellerin, den Text *der National-hymne* zu ändern, wozu ich (vor meinem Ableben) jetzt noch Gelegenheit hätte.

Wir haben beide den Brief unterschrieben, aber leider nie eine Antwort bekommen, womit wir natürlich auch rechnen mussten. Mein Gefühl sagt mir aber, dass er auf jeden Fall - aufgrund seiner Einmaligkeit (?!) – gelesen und zur Kenntnis genommen wurde.

Nachfolgend stelle ich dem französischen Text "Allons Enfants de la Patrie" eine deutsche Übersetzung gegen-über, um meinen Lesern die Möglichkeit zu geben, als „Europäer" darüber zumindest kurz einmal nachzu-denken.

Ist ja doch auch nicht uninteressant, oder?

Hymne Français:

Allons enfants de la patrie,
Le jour de gloire est arrivé!
Contre nous de la tyrannie,
L'étendard sanglant est levé.
Entendez-vous dans les campagnes
Mugir ces féroces soldats?
Ils viennent jusque dans vos bras
Égorger vos fils, vos compagnes.
Aux armes, citoyens,
Formez vos bataillons,
Marchons! Oui, marchons!
Qu'un sang impur
Abreuve nos sillons!

Deutsche Übersetzung:

Lasst uns aufbrechen, Kinder des Vaterlands,
der Tag des Ruhmes ist da.
Gegen uns ist das blutige Banner der Tyrannei
aufgerichtet.
Hört ihr in unseren Landen
diese kriegswütigen Soldaten brüllen?
Sie kommen bis in eure Arme,
um eure Söhne und Frauen zu würgen!
Zu den Waffen Bürger!
Formiert eure Batallione!
Lasst uns marschieren, marschieren,
damit kein unreines Blut
unsere Erde tränkt!

(aus Internet plus Siegling)

Mein Verhältnis zu den Medien
Radio, Fernsehen, Zeitung (2023)

Nr. 1: „Seit 100 Jahren Radio"!

Ich kann sagen – geboren Ende 1926 –, dass ich seit 87 Jahren Radio höre, d. h. ich war damals 9 Jahre alt. Bis heute ist es eine meiner wichtigsten Verbindungen, nicht nur zur Außenwelt, sondern es hat mich auch emotional und intellektuell stark herangebildet, getröstet und abgelenkt in tausenden Stunden des Alleinseins! Bis heute begleitet es mich bei der Küchenarbeit und abends im Bett mit Ohrstöpseln, wenn ich vor lauter „Denken" nicht einschlafen kann.

Quasi historisch ist in meiner Erinnerung, wie damals die „Zwischenmusik" nach Sprachsendungen dargeboten wurde. Es hieß dann ganz einfach: „Maria Bergmann spielt Klavier". Meine Mutter, die von Kindesbeinen an Klavierunterricht hatte und später Musik studierte, verfolgte dies genauestens mit entsprechendem Kommentar.

Wenn ich an die heutige Zwischenmusik denke, sträubt sich mir das Haar! Die drei Minuten Sprechgesang mit Kinderstimme und Chor- und Popuntermalung, in unverständlichem Englisch, sind eine Zumutung für meine Ohren.

Aber ebenso ärgere ich mich oft über viele weibliche unkultivierte (Teenager-) Stimmen der Ansagerinnen (heute Moderatorinnen). Ich lehne auch ab, dass sie zu „Kriegsberichterstatterinnen" geworden sind!

Meine wichtigsten Sender sind DLF, WDR 5, WDR 3. Die Freude an der Nachtmusik von WDR 3 ist seit einiger Zeit sehr gedämpft, da von der mir guttuenden klassischen Musik kaum etwas übriggeblieben ist. Sie kommt aus Bayern, ich weiß, bis 6 Uhr. Immer öfter geht der Trend zu neuerer Musik hin, zu unbekannten Erstlingswerken mit atonalen Tönen, was ich einfach nicht vertragen kann!

Weiter meckern muss ich über einen Ärger, der sowohl und in erster Linie den Hörfunk, dann aber auch das Fernsehen, angeht: Allen Sprechern würde ich gerne zurufen:

„Sprechen Sie doch bitte noch etwas schneller!!"

Eine große heutige Unart, das zu schnelle Sprechen, das „normal" geworden ist und nicht mehr korrigiert wird. Zum Schaden aller, nicht nur der Älteren!

Den DLF frage ich, warum er um 24 Uhr nicht mehr regelmäßig das Deutschland-Lied (Haydns Werk) und die EU-Hymne (von Beethoven) bringt? Was für mich ein sehr schöner Tagesausklang war…

Soweit die Minuspunkte.
Jetzt aber kommt ein Lobgesang an „mein Radio":
Z. B. hörte ich am 20.10.2023 beim späten Frühstück einen langen spannenden Vortrag über das Prärieland Montana, USA, wo ein riesiges neues Naturschutzgebiet für die von weißen Siedlern dezimierten Büffel

geplant ist, klar und langsam gesprochen von Claudia Werres (?). Ich wusste nicht, dass dies seinerzeit geschehen war, um den Ureinwohnern (Indianern) ihre Lebensgrundlage zu entziehen.

So erfahre ich nebenbei aus dem Radio von großartigen Tatsachen dieser unserer Welt, von denen ich keine Ahnung hatte und deren Wissen mich bereichert. Während des Frühstücks oder der Hausarbeit! Unglaublich! Ein längst verjährtes Wunder? Für mich nicht!

Nachbemerkung: Frau Siegling interessiert sich aber auch für zu Vieles!

Nr. 2: Mein Verhältnis zur Tageszeitung

Es begann bei mir im Alter von 11/12 Jahren, als meine Leselust in vollem Gange war (von Heidi bis Karl May). Ich las nebenbei auch aus der Zeitung, weil es darin die fortlaufenden Romane gab. Einer hieß: „Christa Seidlers Ehe", den ich, zum Amüsement meiner Eltern und darüber diskutierend, täglich zu mir nahm.
Auch die „Berliner Illustrierte", die gemalten Witze und die Fotos waren für mich sehr interessant. In der Schule kam später anderer Lesestoff dazu, alle Klassiker und   u. a. Storm, Stifter, G. Freytag etc. Ab und zu erwischte man mich, wenn ich im Bett mit der Taschenlampe unter der Decke las anstatt einzu-schlafen…

Heute, mit 96, kann ich sagen, dass das Lesen gewaltig meinen Horizont erweitert hat und Grundlage für eine stark geistige Ausrichtung meines Lebens wurde, immer begleitet durch die von der Mutter inspirierte Musik.

Jedoch begrenzte ich später meinen Lesestoff fast nur noch auf die Gebiete Geschichte, Biografien großer Menschen und Entdecker, Natur- und Tierbeschreibungen, fremde Länder... Für Erdachtes, Romane und Krimis hatte und habe ich keine Zeit.

Aber die Tageszeitung, die durfte nie fehlen. **Leider gehöre ich heute ohne Smartphone und Internet nicht mehr zu den bevorzugten Abonnenten, auf die hier in Aachen in einem „Freundeskreis" täglich mit vorteilhaften Angeboten hingewiesen wird.**

Die gigantische digitale Welle ist seinerzeit, als ich 60 war und ein neues Leben auf dem Lande in Oberfranken begann, nicht auf mich übergeschwappt. Ich hatte, alleinlebend und ohne Familie, immer andere lebendige Prioritäten wie Haus und Garten, Tiere, sehr viel Natur...

Radio, Zeitung und Fernsehen genügten mir immer!

Ohne Smartphone/Internet habe ich zwei Häuser verkauft, zwei große Umzüge vollzogen, zwei Hüftoperationen verkraftet und bin bis 90 Auto gefahren...

Jetzt merke ich, in Merzenich zur Ruhe gekommen, dass ich nur mit Telefon quasi den „Anschluss verpasst" habe. Ich versuche, mich irgendwie durchzulavieren und schreibe, wo es sehr nötig ist, Postkarten. Der Kopf funktioniert ja noch.

Zurück zur Zeitung: Ich werde sie bis an mein Lebensende behalten und mich freuen über viele erstklassige Artikel, die ich oft ausschneide, weil sie mir zu schade sind zum Wegwerfen. U. a. auch die glasklaren Berichte von Frau Kinkel. Die vielen Seiten, die mich **nicht** interessieren (zu viel Sport und Lokales) akzeptiere ich. Für mich fällt immer noch genug ab, da ich mich ja für sehr Vieles interessiere...

Nr. 3: Mein Verhältnis zum Fernsehen

1) Von den 50 Sendern, die ich erreichen könnte – über meinen Super-Panasonic 50 x 80 cm sind es etwa 10, die mir wichtig sind. Dazu gehören Alpha, Arte, Das Erste, 3SAT, Phoenix, WDR, ZDF (alphabetisch).

2) Ich benutze keine Fernsehzeitung, sondern zappe, nach des Tages Mühen, bis ich irgendwo hängen bleibe, wo es mir guttut und wo ich von meinem Alltagstrott abgelenkt werde. Dabei erlebe ich die schönsten Überraschungen und gehe positiv erfüllt vom Gesehenen gegen 24 Uhr zu Bett.

3) Fernsehen – wie auch Radio – ist für mich eine Quelle des Lernens!
Ich genieße durch strenge Auswahl immer wieder wertvollste Filme über besondere Menschen, geschichtliche Ereignisse, Länder und Landschaften, vor allem aber über die geliebten Tiere.
Manche Natursendungen laufen über Stunden. Das sind mir die liebsten. Oft schalte ich dann den Ton ab, still das Gesehene genießend.

Wirklich, manche Filme sind zum Niederknien!

4.) Aber auch einigen Sprechern im Fernsehen möchte ich zurufen: „Sprechen Sie bitte etwas schneller", d. h. man sollte Herrn Burow einen Mahnbrief schreiben, die Sprechkultur allgemein zu verbessern und entsprechende Kurse (nachträglich oder bei der Einstellung) zu verlangen...

Summa Summarum:

Ich bin dankbar und zufrieden mit meinen drei Medien, die mir vollkommen genügen und mich zu einem aufgeklärten Menschen gemacht haben. Das alles aber nicht ohne die Basis eines gebildeten Elternhauses und einer elfjährigen sehr guten Schulzeit (ich habe das 3. Schuljahr übersprungen), die meinen Bildungsdrang stark gefördert haben.

Faulheit ist Dummheit des Körpers.
Dummheit ist Faulheit des Geistes.

Johann Gottfried Seume (1763-1810)

Auch mal etwas Politik (1998)

Ich, Christa Siegling, habe nie einen Hehl daraus gemacht, dass ich das Gedankengut der SPD für gut und richtig befand, habe sie deshalb auch lange gewählt. Doch inzwischen bin ich von meiner inneren Zuneigung her „grün" geworden.

Das hindert mich nicht, einen Leserbrief aus der „Frankenpost" vom 16. Juli 1998 in mein Buch aufzunehmen, aus dem in klaren Worten die historischen Hintergründe über CDU und SPD während und nach der Teilung Deutschlands hervorgehen. Ich halte seinen Inhalt bis heute für aufschlussreich und aufhebenswert.

Seinerzeit lebte ich von 1987 bis 2006 in Oberfranken und hatte die „Frankenpost" abonniert:

„Herr Albrecht Schäfer, SPD-Landtagsabgeordneter aus Hohenberg/Eger, antwortet Herrn Dr. Walter Etschel wie folgt:

In regelmäßigen Abständen versucht Herr Etschel die SPD in die Nähe der PDS als Nachfolgepartei der SED zu rücken. Tatsache ist folgendes:

1.) *„Die CDU hat jahrelang gemeinsam mit der SED die katastrophale und menschenunwürdige Politik in der ehemaligen DDR getragen, und viele CDU-Bürgermeister und Landräte sind auch heute nur im Amt, weil sie von der PDS unterstützt werden.*

2.) *Nach der Wiedervereinigung fand die West-CDU im Osten eine flächendeckende Struktur mit Parteibüros und Druckereien vor, während die*

SPD mühsam in einem Land, in dem sie jahrzehntelang ausgeschaltet war, ihre Struktur mit hohem Aufwand erarbeiten musste. Darauf basieren auch die Anfangserfolge der CDU.

3.) Kanzler Kohl wurde zweimal – 1990 und 1994 – mit den Stimmen der Ost-CDU gewählt, die vorher als Blockpartei mit den Kommunisten der SED gemeinsame Sache machte. Die Ost-CDU ist für den Schießbefehl mit verantwortlich. Von solchen Abgeordneten wurde Kanzler Kohl nicht nur toleriert, sondern sogar gewählt. Ohne sie hätte es keinen Kanzler Kohl mehr gegeben.

4.) Geschichtliche Wahrheit ist, dass SPD-Mitglieder in der ehemaligen DDR verfolgt wurden, während Angehörige der Ost-CDU mit den Kommunisten zusammenarbeiteten und in allen Positionen des Unrechtsstaates saßen. Deshalb sind auch die „Lehren" des Dr. Walter Etschel überflüssig. Die sozialdemokratische Partei hat, im Gegensatz zu anderen, im Umgang mit rechten oder linken Diktatoren eine reine Weste und braucht sich keine Belehrungen erteilen lassen. "

Kommentar Christa Siegling:
Ich hatte von diesen so eindrucksvoll und nur durch genaue Kenntnis der Tatsachen beschriebenen Zusammenhängen keine Ahnung, bin auch kein SPD-Mitglied, neige aber auf jeden Fall eher nach links als nach rechts (CDU).
„Hof" liegt ganz nah an der früheren DDR-Grenze (Thüringen).

Dr. Friedrich Merz (mit e), eine umstrittene Persönlichkeit! aber er ist aussergewöhnlich, and I like him! warum?

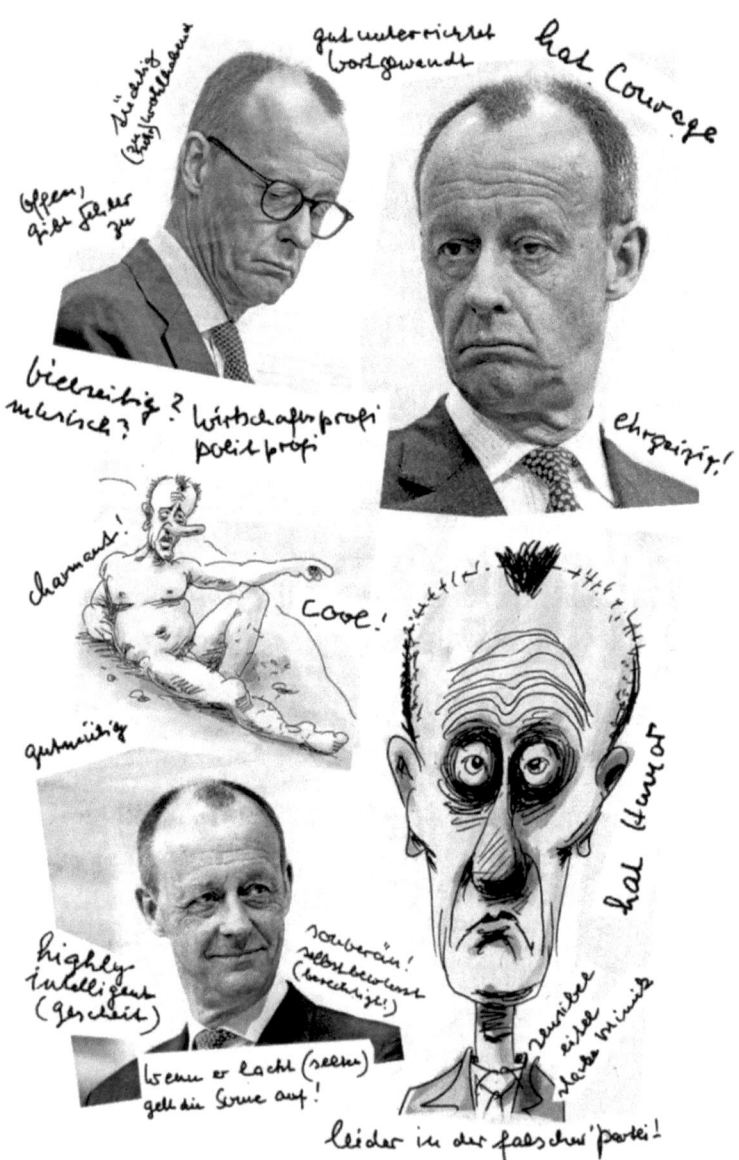

gut unterrichtet wortgewandt

hat Courage

züchtig (zurückhaltend)

offen, gibt zeder zu

vielseitig? menschlich? Wirtschaftsprofi politprofi

ehrgeizig!

charmant!

cool!

gutmütig

highly intelligent (gescheit)

souverän! selbstbewusst (überzeugt!)

hat Humor

wenn er lacht (selten) geht die Sonne auf!

vernünftee eitele hat's nimie

leider in der falschen Partei!

Was war am 8. März 2023?

„Tag der Frau"

Nachdenkliches zum 8. März.

KARIKATUR: STUTTMANN

Oder: „Tag der fiesen Kerle"?

Super Karikatur,
danke, Herr Stuttmann
natürlich aus der „Dürener Zeitung"

Das hat mich so zum Lachen gebracht
WM in Dubai 2022

Dürener Nachrichten vom 13.12.2022

Englands Fußballer adoptieren Katze

Den WM-Pokal haben sie nicht geholt, mit leeren Händen kommen Englands Fußballer trotzdem nicht nach Hause. Die streunende Katze „Dave the Cat" (Foto: Imago), die die englischen Kicker im Quartier in Katar liebgewonnen hatten, wurde von Kyle Walker und John Stones adoptiert. Die Katze muss vor der Überführung nur noch die Quarantäne überstehen. (dpa)

Der wunderbare Daniel Hope ließ mir vor kurzem zwei CDs zuschicken

"Belle Epoque " Kammerkonzerte und Kammermusik mit dem Zürcher Kammerorchester, u.a. von Debussy, Strauss, Ravel, Fauré etc., signiert "für Christa Siegling - als Dank für Ihre lieben Zeilen", die ich ihm geschrieben hatte... Eine seiner Sonntagssendungen war so ganz nach meinem Geschmack mit reiner Klassik gewesen.

Dies hat sich nun sehr geändert, weil ich beim Abspielen überrascht war, keinerlei atonale Töne oder irgendwie disharmonische Musik zu hören. Alle von Daniel Hope ausgesuchten Stücke - vorwiegend Franzosen, aber auch Schoenberg, Webern und Berg - erlebte ich melodisch und wohltuend.

Dies ist eine späte Bereicherung meiner letzten Lebenszeit, in der ich harmoniesüchtig und für jede diesbezügliche "Zufuhr " dankbar bin.

Fast am Ende meines Lebens ...
Zum ersten Mal gestürzt (01.08.2021)

Am 01.08.2021 mit 94,7 Jahren! - auch das ein schriftlich festzuhaltendes Erlebnis…

Wie viele Male täglich beschäftige ich mich auf meinem schönen blumenreichen Balkon mit meinen Pflanzen… Da kracht's! Ich kann mich nicht mehr halten und lande auf meinem Hinterteil, inmitten von kleinem Tisch, Kettler-Rad und herumstehenden Geräten…

Mein Hinterkopf knallt an die Ziegelmauer. Was für ein Gefühl, sofort zu wissen, dass ich nicht allein auf die Beine kommen kann… Kein Schmerz. Ich robbe mich am Boden zur gegenüberliegenden Balkonecke, versuche, mich mit den Armen hochzuziehen, vergebens, versuche, es mir bequem zu machen durch Kissen von der Sitzbank; die Sonne scheint warm auf mich herab, Kater Rudi sitzt, offenbar unbeteiligt, dabei. Zeit zum Überlegen. Es hilft nichts, ich muss den Malteser-

Notrufknopf an meinem Handgelenk drücken. Ein zweites Mal nach der Nacht vom 20. auf den 21.07.2021.

Das Fernsehen im Wohnzimmer läuft laut und unangenehm, ich höre meinen Namen rufen aus der Malteser-Zentralanlage und schreie laut „bin gefallen". Mehr kann ich nicht tun, ergebe mich in meine Situation, keine Schmerzen, abwarten…

Nach ungefähr 25 Minuten findet mich eine freundliche, körperlich „zarte" Malteserdame, auf dem Rücken in der Sonne, auf dem Balkon liegend! Ich bin froh und dankbar, sage ihr aber sofort, dass sie mich nicht allein in die Höhe brächte…, verweise sie ans Altenheim nahebei. Sie verschwindet und kommt nach 20 Minuten mit Verstärkung zurück, ein Riese von Mann und eine kompetente weibliche Pflegekraft. Er hebt mich gekonnt auf die Beine, ich taste mich ab, es scheint alles in Ordnung. Großes Glück gehabt! Alle drei verlassen mich erleichtert.

Ich bin „sturzgefährdet", ein sehr präzises Wort! Es veranlasst mich, weiterhin wirklich jeden Schritt zu bedenken. Und dies ist nur ein minimaler Teil eines immer mühsamer werdenden Lebens…

Aber: „Stell dich nicht so an, du schaffst das!"

Dürener Nachrichten vom 07.03.2022

INDEN

Ein optimierter Indesee-Rahmenplan

Der Rahmenplan für den Indesee stammt noch aus dem Jahr 2012. Mit dem früheren Kohleausstieg muss er an die neuen Bedingungen angepasst werden. Von der Landesregierung über die Bezirksregierungen, den Kreis Düren, die Entwicklungsgesellschaft Indeland, die Zukunftsagentur Rheinisches Revier (ZRR) und die Firma RWE Power bis hin zu den Kommunen Inden und Düren sind viele Spezialisten damit beschäftigt. Im Juni dürfen die Bürger mitreden. **> Lokales**

- … in 40 Jahren soll es so weit sein! (wie wir mit unserem Wasser umgehen, entscheidet unsere Zukunft! (WDR 3) Oktober 2022).

- Wasser aus dem Rhein?

Manchmal denke ich, die spinnen! Wie gut, dass ich die Möglichkeiten, Streitigkeiten, Pleiten(!) bis 2062 nicht mehr miterleben muss!

Sterbehilfe (09.07.23)

In diesen Tagen war sehr viel die Rede über „selbstbestimmtes Sterben" und die Bundestagsabgeordneten sollten erneut über eine juristisch einwandfreie Möglichkeit beraten. Leider ist daraus wieder nichts geworden, worauf „Interessierte", die begründet nicht mehr leben wollen, ihre Hoffnung richten könnten.

Auch ich gehöre zu den „Interessierten", mit 96,6 Jahren, die zwar durch einen noch voll funktionierenden Kopf, aber tagtäglich schmerzhafter und schwächer werdende Knochen – Arthrose überall – Pflegegrad vier – mit der Aussicht auf Immobilität (Rollstuhl) leben muss.

Das und Schlimmeres müssen viele ertragen, aber ich lebe allein, es gibt – außer weit im Ausland verstreuten Nichten und Neffen – keine nächste Familie. Auch, da ich 1955 kinderlos geschieden wurde und nicht mehr geheiratet habe.

D. h. ich bin seit langem von Pflegediensten abhängig, worüber ich sehr dankbar bin, was aber auch durch ständigen Wechsel der Hilfskräfte Unruhe und gewisse Schwierigkeiten mit sich bringt.

Auf der anderen Seite nehme ich noch sehr stark „am Leben" teil, durch viel Lesen, Radio und Fernsehen, ursprünglich profitierend vom gebildeten Elternhaus, guter Schulbildung und angeborenem Tatendrang, aber auch rückschauend auf ein nicht ganz herkömmliches, total selbstbestimmtes, inhaltsreiches (positives!) Leben. Mein letztes Lebensziel ist ein Buch, an dem ich schreibe, was mir Spaß macht und dessen Herausgabe ich noch erleben möchte.

Das alles hindert mich aber nicht daran, seit den schweren Menschenverlusten im Krieg, ruhig mit der Gewissheit meines eigenen Todes zu leben. Was mich ohne Angst gemacht hat, und frei, bis heute!

Jedoch möchte ich nicht, was ja sein könnte, bis zum letzten Atemzug langsam „krepieren". NEIN! Ich sage auch jetzt schon – noch im zufriedenen Seniorenleben: „Ich habe genug gelebt."

Hierzu zwei Schicksale, die ich erschüttert „erfahren" musste:

1. Eine von Kindern heiß geliebte Mutter bekam mit 25 Jahren Parkinson. Mit dessen grauenhafter, zunehmender Verschlechterung musste sie noch 25 Jahre leben, ohne dass jemand sie erlöst hätte – worum sie täglich gebeten hat...

2. Meine eigene Großmutter, eine zarte, gebildete, kluge, künstlerisch hoch begabte Frau, Jg. 1877, hat sich 1927 mit einer Pistole im Bett ins Herz geschossen – und war sofort tot! Dies verursachte natürlich großes Entsetzen, tiefe Betroffenheit und – schweres Schuldbewusstsein beider Familien, so dass man diese ungewöhnliche Todesart jahrzehntelang unter der Decke gehalten hat.

Was aber hat dieser arme Mensch, vollkommen allein gelassen, mit solch schrecklichen Vorbereitungen in der damals so verklemmten Zeit, durchmachen müssen?

Bis zu der endgültigen, tödlichen Handbewegung, die Abschied von einem verheißungsvollen, aber nicht mehr erträglichen Leben bedeutete?

Ich wurde geboren als die Großmutter starb. Aber sie lebt voll Verehrung in uns Nachkommen weiter, besonders in mir, durch ihre genialen künstlerischen Hinterlassenschaften, wie fantasievoll beklebte und bemalte Alben, wunderbare Aquarelle und vor allem außergewöhnlich fein geschnittene Silhouetten, dazu jeweils Kommentare in Gedichtform! Aber natürlich bewundern wir am meisten ihren unglaublichen Mut, mit dem sie frühzeitig starb, weil sie keine Hoffnung mehr auf ein glückliches Leben hatte und weil sie anderen nicht zur Last fallen wollte.

Zurück zum „selbstbestimmten Tod": Muss er so aussehen, dass sich verzweifelte Menschen vor den Zug werfen, aus Fenstern stürzen, erhängen oder erschießen?

Darf es nicht Ausnahmen geben für Menschen, die sehr begründet und nach mehreren Anhörungen durch Ärzte und Juristen ihren Tod vorzeitig vollzogen haben wollen? Auch wenn sie nicht todkrank sind, aber einfach genug vom Lebenskampf haben und sich darin 98 Jahre lang bewährten? Wenn alles mündlich und schriftlich festgelegt ist?

Was kann „Palliativ" erreichen? Ich weiß es nicht, auch nicht, wie „er" mir demnächst begegnen wird.

Aber ich plädiere hiermit 100%ig für eine Erleichterung der bisherigen Einwände, die ja nicht überall zutreffen! Lasst diese Menschen – auch mich bald – nicht allein! Ich bin sonst sicher, dass ich mir noch eine Pistole besorgen würde ....

Worte nach meinem Herzen von Reinhold Messner

Dürener Zeitung vom 10. Februar 2024

„Wir fallen ins raum- und zeitlose Nichts. Ich habe so wenig Angst vor dem Leben wie vor dem Tod und habe auch deswegen so intensiv gelebt, weil mir immer bewusst war, dass der Tod dazugehört. Die Erde wird sich verändern, Arten verschwinden, vielleicht kommen irgendwann wieder neue hinzu. Auch wir Einzelnen dürfen und müssen von dieser Erde verschwinden, und das ist gut so: Ein unendliches Leben wäre unerträglich."

Nachwort

Leider hat es an meiner eigenen Unprofessionalität gelegen, aber auch an der meiner langjährigen Helfer, dass die Struktur des Buches im Endstadium noch einmal wesentlich geändert werden musste (nicht der Text!).

Der unvorhergesehene Zeitverlust hat mich mit 97 Jahren durch Enttäuschung und erneute Konzentration einige schlaflose Nächte und viel Kraft gekostet.

Zum großen Glück hat mich mein versierter Neffe Jochen Diederichs aufgefangen. Obgleich wir weit auseinander wohnen, hat er mich besucht und mit mir die Druckreife des Manuskripts erarbeitet. Wir haben auf ein Lektorat und formative Feinheiten verzichtet und bitten um Nachsicht, wenn Fehler oder Unstimmigkeiten auftauchen.

Mir ist wichtig, dass ich bleibe, weil ich schreibe.

Allerdings hat mir die Verzögerung die Möglichkeit gegeben, noch etwas Wesentliches diesem Nachwort hinzuzufügen: Per Zufall ist mir heute, am 6.4.2024, das inzwischen sehr oft zitierte Gedicht „Stufen" von Hermann Hesse in die Hände gefallen, schicksalhaft im vollen Wortlaut!

Da es so hundertprozentig auf mein Leben zutrifft,
sollen diese Zeilen mein Buch beenden:

STUFEN

Wie jede Blüte welkt und jede Jugend
Dem Alter weicht, blüht jede Lebensstufe,
Blüht jede Weisheit auch und jede Tugend
Zu ihrer Zeit und darf nicht ewig dauern.

Es muß das Herz bei jedem Lebensrufe
Bereit zum Abschied sein und Neubeginne,
Um sich in Tapferkeit und ohne Trauern
In andre, neue Bindungen zu geben.
Und jedem Anfang wohnt ein Zauber inne,
Der uns beschützt und der uns hilft, zu leben.

Wir sollen heiter Raum um Raum durchschreiten,
An keinem wie an einer Heimat hängen,
Der Weltgeist will nicht fesseln uns und engen,
Er will uns Stuf' um Stufe heben, weiten.

Kaum sind wir heimisch einem Lebenskreise
Und traulich eingewohnt, so droht Erschlaffen,
Nur wer bereit zu Aufbruch ist und Reise,
Mag lähmender Gewöhnung sich entraffen.

Es wird vielleicht auch noch die Todesstunde
Uns neuen Räumen jung entgegensenden,
Des Lebens Ruf an uns wird niemals enden...
Wohlan denn, Herz, nimm Abschied und gesunde!

Hermann Hesse (1877-1962)